心から健康に、
そして綺麗になれる
愛されメイクレッスン

メイクを変えて輝く人生に変える！

大村加須美 著

セルバ出版

はじめに

環境が与える影響の大きさ

今、あなたはどのような環境に身をおいていますか？

過去、私は、ジャージで1日中施設内を走り回っていました。障害者施設や高齢者施設で働いていました。

その施設までは車通勤でもあったので、誰にも見られることがなく、服装を気にする必要もなくジャージでも平気だったんです。

そして、職場に行くと、周りの人も同じ環境にいる人なのでみんなジャージです。

ですから、買い物に行くときもジャージでウロウロしていました。

私は、その現実に何の疑いもありませんでした。

しかし、環境が変わると当たり前ですが、この常識が全く違うのです。

どのように私が環境を変えたのかというと、一念発起して美容の世界に飛び込みました。

もともと、メイクに興味があり、タイミングよく、近くに大手ショッピングモールができたので、その中の化粧品販売店に、飛び込みました。美容の仕事の中でも、まず化粧品販売をすることにしました。

以前の職場は、二人目妊娠を機に辞め、３年間、専業主婦をしていました。そこから、美容の世界に憧れ、その世界に入ったものの、いざ、飛び込んでみると、何もかもビックリすることばかりでした。

どこか違う世界に行ってしまったかのような感覚になり、怖くなってその場にいることが、違和感だらけでした。特に、その違和感を感じたのは、化粧品メーカーのセミナーに行ったり、教育に行ったときでした。

そこでは、周りのお姉さん達がとってもキレイなんです。

キラキラしていて、お化粧もバッチリ、着ている服装も持っている物もすべてセンスが良く、見る人見る人がカッコよくて素敵でした。

「私も、あんな風になりたい！」

そう、強く思いました。

特に、初めて行ったセミナーは、本当に恥ずかしかった覚えがあります。着ている服のテイスト、履いている靴、持っている鞄などを比べると、恥ずかしくて恥ずかしくて、穴があったら入ってしまいたかったです。

しかし、変わりたいと思っていたので、その違和感を頑張って乗り越えました。

それでもはじめは、本当に居心地が悪くて仕方がありませんでした。

キラキラしている人達が持っていて、いいなぁと思う物や仕事は、雰囲気の似たものを探し、マネをするようにしました。

そして、色々工夫して、どのようにしたら自分が気持ち良くステキな女性になりきることができるのか？　ということからがスタートでした。

ここでポイントなのは、中途半端にせず、堂々と「私は同じ世界の人なのよ！」と思い、一歩外に出たら、なりきることに徹したということです。

でも、そこから、いろいろ勉強をして知識を入れ、何度もセミナーに行くことで経験を積み、少しずつ変わって行きました。

以前は、「ヒールの高い靴は履けない」と、自分に言い聞かせて、勝手な思い込みをしていました。が、今では、ヒールのある靴を履いていなかったら、違和感を感じる程になりました。

そして、女性としての喜び、価値など再認識することができました。持っているものは最大限に活かす！　なんて、考えるようになりました。

自分がいる環境で、自分はつくられて行きます。

これは、どの業界、どの場面でも同じことがいえると思います。

どこに自分の身をおくのか？　で、その人の人生が大きく変わってしまいます。もちろん、良くも悪くもです。

もし、「少しでも自分を変えたい」という思いが、心のどこかにひとかけらでもあるのなら、一歩、勇気を持って踏みだしてみてください。

自分の成長を止めているのは、自分なのです。小さな小さなこだわりを一端捨ててみて、まっさらな心で見てみましょう。

そうすると、新たな世界が広がり、新たな自分を発見することになります。

新たな自分を知ることは、怖いことかもしれませんが、ワクワクすることなので、楽しい明るい輝いた未来がきっと待っています。

想像してみてください。

新しい自分に出会い、自分がキラキラ輝き、生き生きとしている姿です。

もう、それだけで充実した人生になりますね。

私の知識、経験、スキルが、そんなキラキラした未来のきっかけになると嬉しいです。

2018年2月

大村　加須美

メイクを変えて輝く人生に変える！
——心から健康に、そして綺麗になれる　愛されメイクレッスン　目次

第3章　なぜメイク・セラピーで人生が変わるのか

第4章　メイク・セラピーで人生を変えるための7つのステップ

第5章　輝く女性たちのビフォー&アフター

第1章

輝くママ
×
くすんだママ
5つのチェック

1　全国を飛び回っているママ×家に閉じこもったママ

自由はつくり出すもの

今だからこそ「フットワークが軽いね」と、よく言われます。自分では、そんな風に感じているわけではなく、頑張って外出しているという感覚もそもそもないのです。

苦労していると思っていないから、どこでも行ける！　に繋がるわけですが、よくよく考えてみると、単純に落ち着きがないだけなのかもしれません。

女性であり、母であり、妻である場合、なかなか、規制が厳しいと一般的にいわれます。しかし、規制があることは、認識していますが、元々私には、その概念を持ち合わせていないように思います。といえるのも、今だからです。

私も子育てをしているので、子供が小さなときは、今ほどに全国を飛び回っていませんでした。動きたくても動けない現実、時期は、確かにありました。

なので、一般的に言われる「一人の時間が欲しい！」と、懇願していました。

ただ1つ、世間のお母さん達と違う考えをしていたことがあるとすれば、おそらく、これだと思います。

「どうしたら、自分が気持ちよく外出できるようになるのか？」

ここまでは、考える人もいることでしょう。でも、この先が他の人とは、ちょっと違うと思います。

強い味方

私達の家族は、核家族です。同じ市内に両方の実家があります。核家族の中でもかなり恵まれている環境ではあります。

だからといって、いつもお姑さんや、実家の母にお願いするわけにはいきません。両親にも、それぞれの生活があるわけです。

ですので、食事や、子供のことをお願いするときは、申し訳ない気持ちになります。

しかし、いつも快く、勝手なお願いを聞いてもらっています。これは、本当に感謝しています。

月に一回の場合は、まだいいのですが、回数が増えてくると、なかなか毎回とは、お願いできなくなります。

そんなとき、強い味方が、主人になります。

私には二人の子供がいます。上の子、長女が赤ちゃんのときから、主人に預けて外出させてもらったり、宿泊させてもらっていました。

ただ、単純に、「今、一人の時間が欲しい」と、いう理由だけでなく、もっと先を見ていたのです。

これが、フットワークが軽くなれる秘訣になります。

といっても、どういうこと？　となると思うので、もう少し丁寧にお伝えしたいと思います。

この考えは、同じ子供を持つ母親、働いている働いていないにかかわらず、この考え方を持っていたら、少しだけ心に隙間を持てるのではないかと思います。

母親の責任感が生み出す思考

母親は、皆、「子育てをちゃんとしないといけない」と考えています。これが母親の思考を縛り付けてしまいます。

もちろん、母親をしっかりされている人は、子供を最優先に考え、自分は二の次、我慢して当たり前。

食事のときも、子供を一番に好きなものを食べさせてあげて、母親の分がなくなっても、まずは子供。

自分の時間を持とうものなら、周りから非難されるのではないかと、悪いことをしているような罪悪感が伴って、どこにも行けなくなる。

1日、外出する時間をご主人からもらったとしても、行く前にブツブツ言われ、帰って来てもブツブツ言われ、せっかく楽しんで帰って来ても、ブツブツ言われる。

楽しかった時間は、「一体、なんだったの？」という状態になり、楽しかった時間はすべて消えてしまう。

ストレス発散しに行ったはずだったのに、逆にストレスが溜まって、「こんなことなら、行かなければよかった」と、自分を責めて、自己嫌悪。

こんなことを、何度か繰り返したことがある人も多いのではないでしょうか。

そうなってしまう原因（考え方）がありあます。

それは、「自分ですべて抱えて、何もかもやろうとする」ことです。

一見、「何が悪いの？」と、思われそうですが、この考えが自分自身を苦しめてしまうのです。

自分ですべてするとなると、まず大変です。

上手にお願いをする方法

核家族で、ご主人の仕事柄、帰りが遅かったりすると、

「自分でするしかないじゃない」

と、怒られそうです。これが、通常となるでしょう。

ですから、平日は、母親が面倒をみても、ご主人が休みの日や、少しの間でも時間が空いていいそうな時間ができれば、すかさず子供達との時間を持ってもらうんです。

もちろん、このときも、コツがあります。

いきなり、「子供達の面倒をみててね」などと、ぶっきらぼうに言うのではなくて、

「いつもなかなか、子供達との時間が取れないから、寂しがっているよ」

もしくは、素直に、

「少し時間をもらってもいいかな。そうしたら、もっとみんなに優しくなれるから、出かけてきてもいいかな」

など、お願いの仕方には工夫がいります。

「こんなことわざわざしないといけないの？」

と、また、おしかりを受けそうですが、この「わざわざ」は、とっても必要なことなんです。

夫婦関係だけでなく、親子関係でも、この「わざわざ」は、大いに発揮します。

また、ことわざにもあるように、「親しき仲にも礼儀あり」と言われますよね。

ありがとうの威力

特に大切なのは、「ありがとう」という言葉です。

どんな場面でも大切であることは、よく知られていて間違いないのですが、親しい身内になればなるほど、本当に大切で忘れてはいけない言葉になります。

この言葉がなかったことで、どれだけ、不穏な空気が漂ったことか。

それだけならまだいいほうで、喧嘩になり、時には、私が飛び出したり、子供が怒って飛び出したり、となかなか大変なこともあります。

「ありがとう」は、私も含め、忘れることなく、誰もが心に刻んでおく言葉にしておきましょう。

そうすれば、家庭が上手くいき、みんなが幸せになり、お母さんはやりたいことができるようになり、生き生きと輝き出すことは、想像できると思います。

それこそが、フットワーク軽く、全国を飛び回ることができる秘訣になります。

2　いつもワクワクしているママ×気力のないママ

いつもの毎日に小さな変化

「いつもワクワク」って、皆さんどのようなイメージですか。

毎日がキラキラしていて、充実している！　そんなイメージではないですか。

「毎日、毎日、何かが起きる」なんてことは、奇跡に近いですよね。

では、毎日ワクワクするってことは、どういうことかというと、

「毎日に小さな変化を見つける」

どんな小さなことでも構わないです。

例えば、いつも通勤しているルートを変えてみる、いつもと違うメニューを頼んでみる、いつもと違うメイクや洋服をきてみる、など、小さなことから始めてみると、意外といつもと違う発見があります。

特に、メイクや洋服を変えることは、視覚から刺激され、気分がずいぶん違ってきます。

口紅の色を、ヌーディなピンクベージュから、ビビットな赤に変えるだけで、気持ちが引き締ま

りますし、行動やしぐさも変わってきます。これは、本当に不思議なのですが、見ているいつもの顔と、違う印象の顔をみるだけで、その顔の印象に合ったしぐさになっていくんです。

可愛いキュートなメイクをすると、可愛い少女みたいな気分になり、カッコいいクールなメイクをすると、カッコよく振る舞う自分が出てきます。

毎日の決まった流れの中に、少しスパイスを入れてみると、それだけでも今日の発見、満足度が増えるでしょう。

同じ行動をしていたら、脳も活性化されず、凝り固まって老けて見えてしまう原因になってしまいます。

変化のない毎日は、面白くなく、退屈になってしまいますよね。

小さな冒険をすることが、ワクワクを保つ秘訣です。

自分を知る

「毎日の流れが早過ぎて、自分の時間が取れない」と、いつも口癖のように言っていませんか。

これは、ワクワクな日々から遠ざかってしまう最適なワードだと知っていましたか。

忙しい主婦には、物理的に時間がないことは、経験もしているのでわかります。

特にお子さんが小さい頃は、仕方のないことだともわかります。

しかし、そのまま時間に身を任せていると、気力のない、目標も持てず、何気なく日々を過ごし、気づいたらおばあちゃんになっていた、なんてことも、ありえるのです。

そうならないための、第一ステップとして、「自分を知る」ことなのです。

難しいように思うかもしれませんが、1日の始まりでも終わりでもいいので、「どうなりたいのか？」と、自分に問いかけてみましょう。

一度や二度では、この質問に対する答えは返って来ません。

何度も何度も、自分に問いかけてみてください。始めは、見えなかった未来が少しずつ見えて来ます。

誰かに、定期的に聞いてもらうこともいいかと思います。自分では、また、日々に流されてしまう恐れがあるので、友達や尊敬している人などに聞いてもらうことをおすすめします。

私も定期的に、先生に聞いてもらっています。

その度に、

「自分はどうなりたいのか？」

「どうしていきたいのか？」

自分を知る機会になり、軌道修正をしたり、そのまま走ったりすることができます。

何もしていない時間をあえてつくる

先ほどの「自分を知る」ことにも繋がることですが、ふと1日を振り返ってみてください。

1日の中で、何もしていない時間ってありますか？

これって、意外とない人が多いんです。

というのも、朝起きてから，仕事して、帰ってきて、ご飯つくって、子供達の世話をして、寝かせて、ホッと一息、テレビを見たり、本や雑誌を読んだりと、ずーっと何かをしていますよね。

現代は、隙あらばスマホかパソコンを見たり、音楽聞いたり。

そのせいで私達の脳は、何かしらの情報が常に入って来ている状態なのです。

この生活が続くと、〇〇しながらの生活になり、何となくの日々を過ごすことになります。

「一度、何もしない時間をあえてつくる」ことにチャレンジしてみてください。

何もしないことに慣れていないと、「自分が何もしていないことに罪悪感を持つ」こともあります。

実は、私がそうでした。何かをしていないと落ち着かず、何もしていないことが「悪」だとさえ思っていて、常に何かに追われているようでした。

そう考えているときは、いいことが起こるわけもなく、何もかもが中途半端。

頭の中は、常にパンパン。

情報で溢れて、整理がついていない状況でした。

「これではいけない！」と思い、怖いながらも、あえて何もしない時間をつくって、自分に「どうなりたいのか？」

と、問いかけたのです。

〔図表1　生きがいを持っているか〕

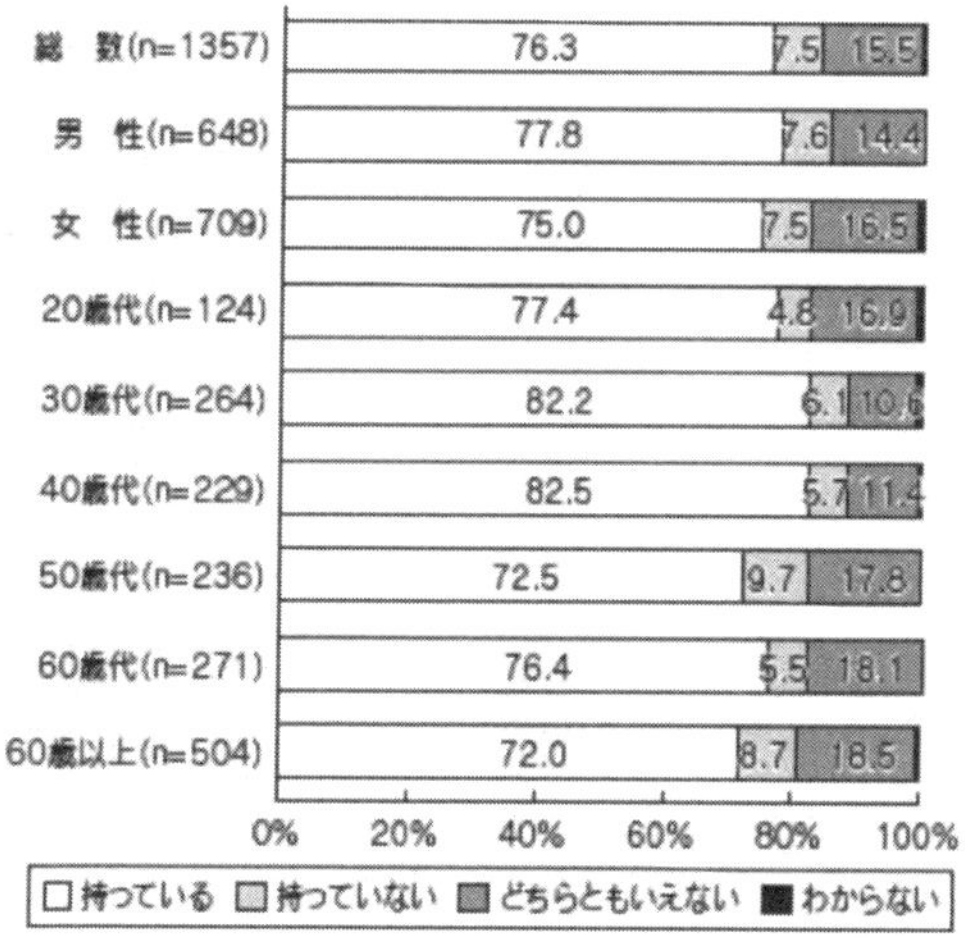

すると、本来、やりたかったことが見えてきたり、自分の道筋が少しずつ見えてきました。

忙しい毎日に追われ、考えることを避けていると、気がついたら、の罠にはまってしまいます。

罠にはまらないためにも、あえて時間をつくり、自分を知ることから始めてみてください。

意外と、ワクワクが見えて来るかもしれません。

3　人を幸せにするママ×生きがいのないママ

生きがいを持てているのか

「生きがい」に関する世論調査を行った、中央調査社の中央調査報では、20歳以上の男女2000人を対象に調査しているデータがあります（図表1）。

「生きがいを持っているか?」という質問には、

〔図表２　生きがいの内容〕

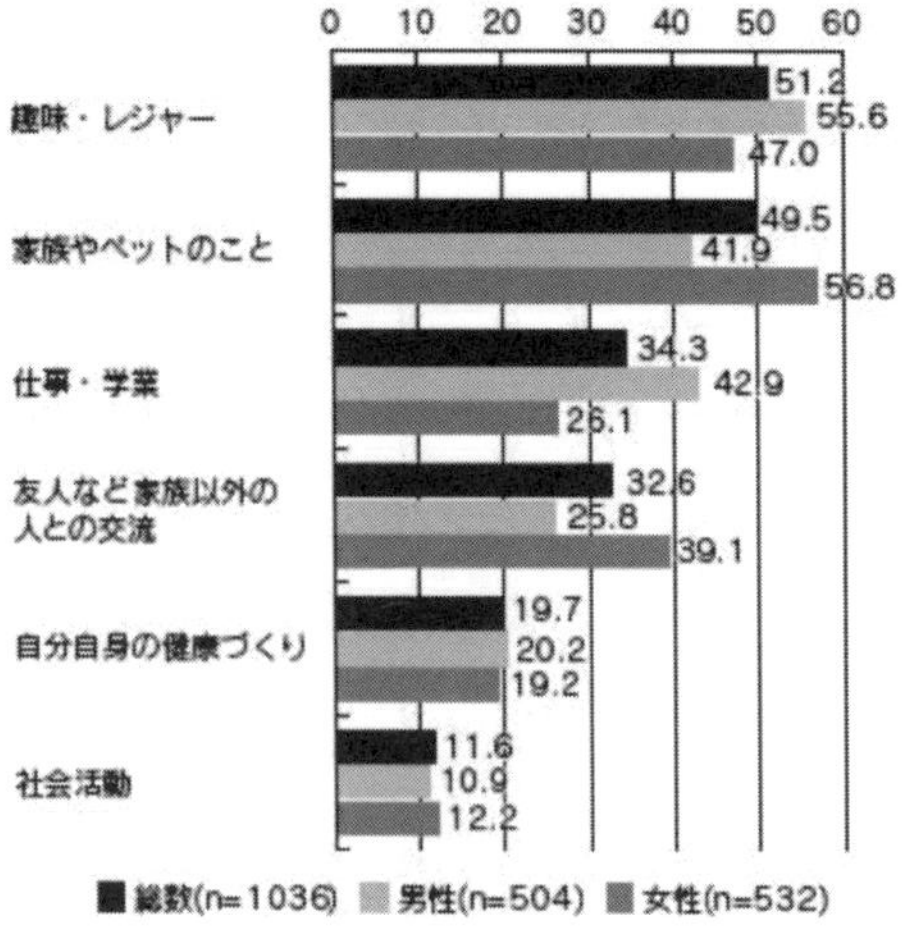

全体の76・3％が「持っている」と答えています。男女別に見ると、男性が77・8％、女性が75・0％の割合で答えています。

これは、意外な結果のように一瞬見えました。私の感覚では、もっと数値が低いのではないか？と、思っていたからです。

しかも、年代別でみると、30代と40代で「生きがいを持っている」と回答した割合が8割を超え、他の年代よりもやや多くなっていることに、何だか納得しました。

20代から走り続け、家庭を持って家族が増えたりすることで、ふと、立ち止まる時間を持つ世代のように思います。実際、私もそうでした。

次に、生きがいの内容にも興味を惹かれました。(図表2)

男性で最も多いのは、「趣味，レジャー」、女性では「家族やペットのこと（一緒に過ごす時間、子供の成長など）」です。やはり、女性の場合、子供が生まれるとそこにエネルギーが注力されます。子供との時間を中心とした生活が始まり、生きがいになって行くことが顕著に現れているように感じました。

生きがいの正体とは

では、そもそも、「生きがい」とは何なのか。　生きがいの意味を辞書で確認してみました。するると、「人生の意味や価値など、人の生を鼓舞し、その人の生を根拠づけるものを広く指す。「生きていく上でのはりあい」と、ありました。

それらが、図表1に現れていました。もし、ここで「自分には生きがいがない」と、感じてしまった人がいましたら、一度立ち止まった上で、生きていく上でのはりあいを考えてみるといいですね。

「生きがい」となると、堅苦しいようにも捉えられるので、「はりあい」を探すために、自分の気持ちと向き合う時間が必要です。

生きがいが見つからないといっている人は、一度試してみるといいですね。

生きがい＝人を幸せにする

私の「はりあい」は何なのか考えてみました。

「メイクでその人の良さを引き出し、輝く女性を増やすこと」

このことから、私の生きがいは、「人を幸せにすること」だと、知りました。

それが、今、仕事になっています。このことに、気づいたのは、本書の出版をするにあたって、振り返っていたときでした。

なかなか、生きがいを仕事にできる人は少ないと思います。

私も、20代、30代は全くそんなことを考える暇もないほどに、時間が流れて行きました。

もっと早く気づいていればと思いますが、当時は自分を振り返る時間をつくらなかったことになります。

自分と向き合う時間を持つという考えに至らなかったように思います。

しかし、結婚し、子供が生まれ、様々な環境が変化する中で、自分の生き方に疑問を持つようになりました。

「これからは、自分の人生は自分で決めて生きよう」と、見つめたときに、ふと思ったのです。

では、自分に何ができるのかと振り返り、メイクで女性を綺麗に変身することができる方法を、お伝えすることができることに気づきました。

販売員時代に培った知識、経験、スキルを使って。

これが、「人を幸せにする」ことに繋がったのです。この事実を知ったときは、とても幸せな気持ちになりました。そして、私の気持ちは固まり、「輝く女性を増やす」と決めた瞬間でした。

４　家族の協力を得るママ×家族から反対されるママ

任せること

自分が生きがいを持ち、夢に向かって走ろうと思ったとき、一番助けてくれる存在。

一番頼りになる存在は、何よりも「家族」ですよね。

通常ママは、自分の仕事（家事、育児など）は全部自分ですることをします。当然のことと言えば、当然ですが、この当然という思考を少しずつ変えていくことをします。

とはいえ、自分も周りも一度では急に変わらないので、これは、徐々に変えていくことが大切です。

まず、周りの協力を得るには、自分の思考を変えていくことが第一ステップとなります。

それは、「任せること」。

ご主人、子供、お姑さん、実家のお母さんなどです。

例えば、いつも頑張っているママに子供が夕飯をつくってくれたとします。しかも、内緒で。

突然の出来事に、心の底から驚き、思わず「嬉しい」と、感動したものの、キッチンをふと見ると、流しに洗い物がてんこ盛りになっています。

このとき、あなたはどのように感じますか。

言葉では「嬉しい、ありがとう」と言っても、心の中では、「ちょっと待って、どういうこと」

「洗い物までしてよ」って、思ってしまいませんか。

このときの感情が、今後、協力してもらえるようになるのかどうかの分かれ道になります。

もし、心で良くないことを思ったとしても、「もう、こんなことなら自分でするほうが早い」と言わないことです。

グッとこらえて、「また次もお願いね」と、ニッコリ笑顔で返しましょう。

これが、大事です。この、ひとことが大きく今後を分けます。

許すこと

ニッコリ笑って「また次もお願いね」ということは、寛容になって許すことになりますよね。

許すことによって、子供達を認めることになります。周りの人を認めるということは、自分も認めてもらえることになります。

もし、お姑さんに、整理整頓ができていない部屋を見られても、賞味期限の切れた食材が入っている冷蔵庫を見られたとしても、自分は自分です。

遅かれ早かれわかるのであれば、早いほうがいいですよね。

早めに「私はこんな人間です」と、知ってもらいましょう。

そのほうが、今後、飾ることなくお付き合いできますので、気持ちも楽になりますよ。

そんなことを言っている私も、以前は、お姑さんに「いい嫁」と思ってもらいたかったので、子供達のご飯をお願いするときや、留守をお願いするときなど、お姑さんが来られるとなると、2、3日目前から片づけ、掃除をして、万全の状態にしていました。

しかし、あるとき、完璧にして出かけたつもりが、完璧ではなかったのです。

一瞬、「何をいわれるのだろう」と、とても不安になりましたが、次の瞬間、「ま、いいか。これも私だし、今後もこんなことがあるかもしれないし、できなかったことは許してもらおう」と、考えることにしました。

このように、考えるようになると沢山のこだわりが消えていきました。

とはいえ、家の片づけをしなくていいとか、掃除をしなくていいというわけではないのです。

そこは勘違いしてはいけないところですね。

もちろん、やれるだけやった上での話です。

実家のお母さんに対しても同じことです。

自分を認めてもらうことが、家族の協力を得ることになります。

そして、自分の夢に向かって、突き進むためには不可欠なパワーです。

信じること

家族や周りの協力を得ることができた、みんなが応援してくれる状況になったとしても、生きがいを持って、夢に向かおうとしている自分自身が自分のことを信じていなかったら、応援してもらっている気持ちが水の泡になってしまいますよね。

「自分は夢を叶えることができる」

「想い描いた未来を手にする」と、強い心を持ち、まっすぐに「自分を信じて進む」。

この気持ちを持って突き進んでいると、その一生懸命な姿を見た周りは、何も言わなくても応援してくれて、協力者となるでしょう。

精神論のようになってしまいましたが、「心のあり方」次第でいくらでも未来を変えることができます。

なかなか難しいことではあるかもしれませんが、これがないと始まらないです。

5 TPOでオシャレなママ×女性を忘れたママ

オシャレじゃないといけないの

これを読まれた方は、「オシャレじゃないといけないの」と、率直に思われたかもしれません。

しかし、いつもオシャレでないといけないとか、今の流行を知っておかないといけないとか、そのようなことではありません。

ここでのキーワードは、TPOに合っているかどうかということです。

通常、TPOというと、ファッションのシーンで使われることが多いです。

でも、メイクもＴＰＯがあることを知っていますか。

例えば、子供の参観日に、ジャージ姿で行きますか。

そして、いつも通りだからと言って、ノーメイクで行きますか。

おそらく、そんなことはしませんよね。

なぜなら、自分のことよりも、子供のことを考えるからです。

ジャージでノーメイクのまま行ったとき、子供の周りの反応はどうだろうと、考えたことはありませんか。

実際、母親の参観日の格好や見た目で、いじめに発展することもあるそうなのです。

恐る恐る、私の子供達にも聞いてみたとき、そのような事実があるということを、言っていたので間違いないです。

ジャージが悪いということではなく、あくまでもする「ＴＰＯに合った装いとメイクをする」ということなのです。

流行に踊らされない

ファッションもメイクも流行は気になると思います。

しかし、流行に踊らされて、服に着せられていたり、若い子と同じメイクにしてしまうこととは、ちょっと違いますよね。

年齢に合ったファッション、メイクがあります。

いつもそのことだけは気をつけています。

「何が一番大切なのか？」と、考えることと「自分はどうしたいのか」を知るということです。

「自分が目指す理想の人がいる」

これが大切です。旅行でも目的地を決めないと、どこに向かって行けばいいのか、わからないですね。

それと同じように、目標とする人を決めると、自分が着たいファッション、メイクがわかってきます。

「どんな自分になりたいのか」が決まると、後は、カスタマイズしていきます。

自分の年齢、雰囲気、場所、場合などです。

このカスタマイズをしないと、いくら目標となる人を見つけることができたとしても、素敵に変身していかないのです。

見られていることを意識する

一度でも、「自分は周りから、見られている」と、感じたことはありますか。

このように聞くと、なかなか、感じたことがない感情です。と、答えが返って来そうですが、見られていると意識すること、誰かのためなら、やれることってありますよね。

自分だけのためなら、人ってパワーが出なかったりします。

例えば、「ダイエットをします」と宣言しても、「一人こっそりダイエット」だと、結果は出ますか？出ないですよね。

しかし、この「ダイエットをします」と周りの人に宣言して、会う人会う人に言っていくと、後に引けなくなって、成功させるしかない状態になりますよね。

その宣言を聞いた人達はもちろん、気になって注目してくれるでしょう。

そうすると、見られているという意識が高まって、ダイエットを成功に導いてくれます。

そして、「誰かのためにダイエットをする」、子供のため、ご主人のため、自分意外の人も巻き込んで行きましょう。

もし、達成できなかったら、「子供との約束を守れずに、親としての信用をなくしてしまう」など、考えただけでゾッとするような環境をあえてつくると、思わぬパワーが出てきます。

ダイエットだけでなく、何にでも応用することができます。

「見られている」と「誰かのために」を少し意識するだけで、自分に興味がなかったとしても気を遣うようになります。

結果、素敵なママへと変身することになります。

気が付けば…綺麗な素敵ママになっていた、なんて理想的ですよね。

ポイントは、いつでもどこでも「見られている」と意識してみることです。

〔図表３　今の私と昔の私〕

現在　　福祉で働いていたころ

after　　before

第2章

女の輝きを隠してしまう敵とは

1　20代のころと同じメイクだとなぜアウトになるのか

流行のメイクは同じ顔がいっぱい

皆さんが20代のころと言えば、どんなメイクが流行っていましたか？

世代は色々なので、一概にはいえませんよね。

ちなみに、私の20代といえば、安室ちゃんの世代です。

細めに眉に、ゴールドやブラウンのアイメイク、ヌーディなベージュの口紅にグロスたっぷり。

その時代の20代女子は、ほぼ同じ顔をしていました。

今もそうです。

流行のメイクをしているのは20代が多く、みんな同じ顔のように見えてしまいます。

20代の女子はやはり、一番，流行に敏感だということです。

40代のミセスが、流行だからと言って、同じメイクをマネして、同じ顔の人が街中に溢れ返ることはないですよね。

それはそれで、想像しただけでも少し笑ってしまいますが…。

今の女性は学生のころからメイクを始めています。でも、彼女たちはどこからそのメイクを術を習得しているのでしょうか？

インターネット、雑誌、コスメカウンターなど、情報量が多く、何を信じればわからなく人がほとんどではないでしょうか。

そうすると、自分の周りにある身近で手の届きやすい情報で済ます。

もしくは、友達と情報交換して「いいよ」と言われたことを、手当たり次第にやってみる。と言ったところでしょう。

でも、よく考えてみてください。

その友達はプロのメイクさん？　美容部員さん？　ではないですよね。

そして、その情報は確かな情報ですか。情報通りやってみると、自分でも上手くいきましたか。

おそらく、上手く再現できないと思います。

誰から学ぶのかということが、とても重要になってきます。

20代のころと同じメイクでアウトな本当の理由

私達は年齢と共に、肌、形など変化して行きます。

具体的にいうと、まず、肌。

20代に比べると、ハリ、シワ、たるみ、くすみなど、明らかに肌悩みが増えてきます。

次に形、フェイスラインや目元、口元、シャープだったあの頃の面影が…なくなってきているような。何かが違う…といったところでしょうか。

また、20代に似合っていたアイシャドウの色が似合わなくなってきた。

口紅も、20代はベージュ系で、濃い色味のものをつけると、老けて見えるから避けていました。

でも、今では、優先的に色味の濃いものを選ぶ傾向にあります。

と、いうのも、濃いめの色でないと血色感が出ないからです。

理由が変わって来て、なんとも悲しくなる現実がありますが、受け入れるしかないですね。

20代と同じ口紅をつけていると、「今日、口紅つけてる?」と聞かれ、血色感がなく、不健康そうにも見えてしまうようです。

このような現象は、認めたくないのですが、20代のころに比べて、透明感のあった肌は、いつしか黄色くくすんで、見た目の印象が大きく変わってきます。

例えば、娘のつけている口紅が素敵だから、こっそり借りてつけてみると、

「あれ、同じ口紅だとは見えない!」

と、愕然とした経験があるのかもしれません。

個人差があるとしても、加齢に伴って起きる現象ですね。

アイラインも濃い色を使ったり、濃いアイシャドウを20代で使っていたころは、きつく見られていたけれど、同じアイメイクを40代ですると、ちょうどいいということがあります。

逆に、ボヤッとした20代メイクをそのままましていると、全体の印象、特に目元がぼやけてしまいます。

やはり、年代に合ったメイク法、色味というものがあるということを認識してください。これが、アウトなメイクから脱却するステップ１になります。

１つのエッセンスをプラスするだけ

30代後半から40代にかけて、同じメイクでも１つエッセンスをプラスするだけで、グッと素敵度合いがアップする方法があります。

それは、「上品さ」というエッセンスをプラスしてあげます。これは、かなりパワフルで即効性があります。

例えば、同じラメでも、大きいギラギラしたラメ感ではなく、細かいラメに変えるだけで、上品さが加わります。

唇のツヤ感も全体的にテカテカ、ツヤツヤにするのでは，口紅を全体に塗った上で、唇の中央だけにグロスを付けるなど、控えめといった具合が、上品さをよりアップしてくれます。

上品さをプラスすることができると、大人としての落ち着きがあり、余裕のある女性に見られます。

余裕があるって、素敵ですよね。いつの時代も憧れてしまいます。

ファッションもそうですが、その年代、その世代に合ったスタイルがあるように、メイクも自分の変化と共に楽しんで変えていかれることをおすすめします。

アウトになる、アウトにならないの選択をするのは、あなた次第です。

2　子育てに仕事に時間に追われる毎日の行く末とは

ストレスを貯めない生活

子供、仕事、家事に追われる毎日を何十年と過ごした行く末は、ずばり！

「おじさん化現象」

が待っています。この現象は、女性ホルモンの現象により、男性ホルモンが優位になったことから起こることだといえます。

この「おじさん化現象」の代表として、体毛が濃くなるということがあります。

「ひげが生えてきた」と、いうのを聞いたことはありませんか？

男性ホルモンが優位になることが大きな原因なんですが、この原因の更なる原因というのは、「ストレスを貯めた生活をしている」ということになります。

大きなストレスが、女性ホルモン分泌低下を引き起こし、男性ホルモン優位を引き起こします。

その結果、体毛が濃くなり、産毛がひげのように見えてしまうことになります。

これだけは避けたいですよね。

〔図表4　余裕のない私〕

ママの先のおじさん化とは

ママとして、毎日頑張っているにも関わらず、

「何だかおじさん現象が起きているような気がする」

と、一瞬でも感じたことはありませんか？

それは、どんなときですか？

- 買い物に行くとき、スッピンでも平気になって来た
- 言葉遣いがいつの間にか、男性が使う言葉になってきた
- 主人と口喧嘩が多くなってきた
- スウェットでも外出できるようになってきた

など、例を挙げればキリがないかもしれません。

この現象を食い止めないと、どんどん女性どころでなくなってしまいます。

ご主人からも、世間の男性からも、女性として見られなくなってしまいます。

自分にかける時間＝面倒

女性は出産と共に、自分にかける時間がなくなってきます。

物理的にも仕方のないことだとは思いますが、これこそが女性らしさを失う大きな分岐点（分かれ道）となります。

時間がない、子育てに仕事にすることがいっぱい。自分のことは後回し。疲れ切って、メイクも落とさずに寝てしまう。そんな日々の繰り返しではないですか？

いろいろなことが、面倒になってしまい、そのうち、面倒でしなくなったことが当たり前になっていく。

このような生活は、おじさん化に繋がって行くことは、明確ですよね。

では、そうならないためにどのようにしたらいいのか？

例えば、出かけるとき、子供達の支度に時間がかかりますよね。今まで、支度にかけていた10の時間を、３でもいいから自分の支度の時間にかけることから始めてみましょう。

子供達や、家のことを優先させてしまうため、ふと気づくとメイクもそこそこに、出かけてしまうこともよくあったかもしれません。

でも、今までより少し、自分の時間の割合を増やしてみて、オシャレして出かけると、気持ちが全く違ってきますよ。

このように、少しずつ自分に費やす時間を5分でも10分でも増やし、お手入れをする時間にしたり、メイクをする時間にします。まずは、これくらいの小さなステップから始めていきましょう。

一気に遠い先の目標を掲げてしまうと、道のりが遠すぎて何から始めればいいのかわからなくなってしまいますよね。そうならないためにも、小さなステップ（ベイビーステップ）から除々に登っていくとわかりやすいです。

3　いつの間にか顔を見ると「ご飯は?」と言われていませんか

女性の輝きをなくす言葉

ふと、思い出してみてください。

いつのころからか、ママの顔を見るなり、「ご飯は?」「準備できてる?」などの言葉を、言われるようになっていませんか。

私の場合、子供が小学生になるころから、言われるようになって来たような気がします。

特に、出かける前や、仕事で遅くなる日などです。

子供の食事を心配することや、自分の食事の心配は、あたり前のことなんですが、この一言が、ママを「おじさん化現象」に導いてしまうことになりかねません。

なぜなら、女性↓お母さん化に変化しているからです。

お母さん化は、子供達のお母さんだけでなく、「ご主人のお母さんになってしまっている」ことが問題で、いつの間に夫婦関係から親子関係になっていることに気づいていますか。

事前準備

ご主人との関係性が親子関係になっているような気がしてきたとしても、すぐに何をすればいいのかわからないですよね。

では、女性として感じることばかりをしていることがいいのか。

というわけではないですよね。

やはり、子供達の母親は一人なので、母親としての仕事はしない　と家庭が機能して行きません。

ポイントは機能しなくなるということです。

機能させながら、女性としても輝き続けるためには、事前準備です。

物理的な事前準備としては、食事はつくって冷蔵庫に入れておいてから出かけることで、何度も言われることから、防ぐことができます。もしくは、子供達が大きくなってきてくると、カレーならルウを入れる手前まではしておくなどの工夫ができるようになります。

少しの手伝いをしてもらえるくらいまでになると、いろいろなことができるようになります。

また、事前準備をして、家族の協力が得られるようになるので、どんどん活躍の場が広かっていきます。お母さんは輝いているほうがいいですよね。

ブラックワード

顔を見るなり「ご飯は？」だけではないですが、女性として見られていないなと感じる言葉というのは、やはり、女性の輝きを失わせてしまう
「ブラックワード」

になります。このようなブラックワードを、沢山言われてしまうと、女性として見られることが減ってしまうので、「おじさん化現象」になってしまいますよね。

では、解決策として事前準備をしました。しかし、その後が大切で、何もせずあまった時間でお菓子を食べたり、テレビを見てしまったりしてはもったいないです。

事前準備をし、何も言われなくなった状態にしておいてから、「自分の時間に充てる」ことをしないと、おじさん化現象からは脱却できません。つまり、女性になるための時間を自分に使うことが、事前準備をすることの最大の目的となります。

この、一手間をするメリットは、大きなリターンがこの先、生まれることです。

特に、完璧にしてしまうというよりは、少しでいいから、料理の仕上げを、子供達、ご主人、または姑、などに、勇気を振り絞ってお願いすることを、増やしていきましょう。

そうすると、家族の協力を得られるようになることはもちろん、一体化が生まれて、きずなが強くなっていきます。

4　子育てとともになぜメイクを忘れてしまうのか

「時間がない」のいいわけ

子育てが始まると、ママ達は時間が急になくなります。

初めての母親をスタートしていくわけなので、時間も上手く使えるわけではないですよね。なんといっても、初めてのことだから。

子供が小さければ小さいほど手がかかり、要領がわからず、無駄な時間を費やしてしまったり、疲れきってしまったり、気がつけば…メイクもしないで1日が終わる。

なんてこと、よくある話です。

時間がないということは、よくわかります。

しかし、それをメイクをしない、女性を忘れてしまう理由にはして欲しくないと思います。

例えば、お出かけ前、出勤前、自分と子供の準備をするけれど、自分の準備する時間は含まれていますか。

ついつい、後回しで、メイクをする時間がなくなった！　と、あわてて、仕事に向かう。

「どうせ仕事だし…誰も見てくれないし」

「誰かに告白されるわけでもないし」

と、いったところだと思います。

しかし、これは、いいわけに過ぎないことは知っていましたか。おそらく100％の人が、気づいているけれど、できない現実だと思います。

できないのではなく，どのようにしたらできるのかを考えます。この考え方は、その後の人生にも生き方にも大きく影響を及ぼしてしまいます。どのような場面でも使える便利な言葉です。

そもそも、メイクを忘れてしまう原因

子育て中のママは、とにかく忙しい。

その現実は、どの時代も変わらないと思います。

一人であれもこれもしなくては…と、頭の中はいつもちょっとしたパニック状態です。

色々、考えたり、子供達の世話をしたりするうちに、自分のことに時間を使うことが、どんどん「面倒」になってくるのです。

面倒になった結果、やらなければいけないことを優先すると、消去法で、メイクは後回しになってしまいます。

このような日々の選択の繰り返しが、いつしか、メイクをする役割や、意味を忘れて、女性としての生き方も忘れていきます。

もしくは、忘れるというよりも、考えることをやめて、メイクのことに触れないようにしているのかもしれませんね。

方法もいろいろありすぎて、「どこから手を付けたらいいのかわからないと、いうこともあるもいます。

わからないときは、テレビなどで今の流行を見て知るのもいいし、メイク講座などがあれば、出かけてみるのもいいですね。

大きな変化の第一歩になります。

時間配分

これは先ほどのテーマにもありましたが、「おじさん化現象」を防ぐ解決策として、自分の時間を5～10分でもいいから、あらかじめ配分しておきます。

この配分というのは、お出かけ準備のときなどは特に使えますよね。

最後の余った時間で、自分のことをやり切ろうとするから、できないままで「まぁ、いいか」になってしまいます。

そうならないためにも、

「自分の支度や準備は、先にやっておく」

という習慣にしてしまいましょう。

まずは、自分を優先するということを、心がけていくと、すべてにこの考え方が共通化していきます。そうすると、いつの間にか、自分を大切にできるようになったり、少し、メイクを丁寧にしようや、ちょっとオシャレに気を遣ってみようかな、などの余裕も生まれてきます。

5　あなたが求めているメイクと必要なメイクは違うのか

求められる必要なメイクとは

あなたは子供の参観日に、合コンにいくようなつけまつげバッチリメイクをして、学校に向かいますか？

これは、極端な例になりますが、求められているメイクをすることが、女性が輝くために必要な要素となります。自分よがりなメイクは、ちょっと違いますね。ＴＰＯに合わせていくことがやはり大切です。

逆に参観日なのに、ファンデーションを少し、口紅ではなくリップクリームを付けて、眉毛もそこそこに、「まあ、これくらいでいいな」というようなメイクをするのも、ＴＰＯに合ったメイクではないですよね。

バッチリ、決めて行かないといけないわけではないのですが、

「全くしないノーメイクよりましでしょ」と言われそうです。

しかし、これは子供の立場になるとわかると思います。

やっぱり、他の友達にも自慢できるお母さんが、参加日に来てくれると嬉しくなりますよね。

私が子供のころは、参観日になると、

「お母さんきれいだよね」

と、言われていたので、

「そんなことないよ」

と、口では言うけれど、内心ガッツポーズでした。

普段はほとんど、自分の母親をきれいだとは思ったことがなかったので、周りの友達から言われ

ると、とても嬉しかった記憶があります。

その記憶もあって、自分の子供達にも、同じように嬉しかった経験をさせてあげたいと、いつも思っています。

もちろん、自分よがりなメイクやファッションでは行かないように気を付けています。

基準値を戻す

メイクは習慣です。この習慣を子育てをすることによって、忘れてしまっている人が多くなって来ているように思います。面倒だということが優先してしまって、どんどんメイクをしなくても平気になってしまいます。

いわゆる、「おじさん化現象」に繋がるのですが、そこまでいかないにしても、予備軍ではないかなと、心当たりのある人も多いのではないでしょうか？

では、この予備軍の人達に対して、まず、「メイクの基準値を戻す」ことです。

今まで、下がりきってしまっていたメイクの基準値を上げて戻していかないと、いつの間にかそれが普通になってしまいます。

そのうち、スッピンでどこでも行けてしまうようになるかもしれません。それは、女性として寂し過ぎると思います。

これは、ちょっと頑張らないとできないことになるかと思いますが、重い腰を上げて、人生で一度でもいいので、頑張ってみる価値はあります。

自分から動いてみる

基準値を戻しても、

「求められるメイクや必要なメイクは、どのようにしたらいいのかわからない」

とメイク講座をしていると、よく質問を聞きます。

- 華やかなメイクをしたいと思っても、どこまでアイシャドウを広げるといいのか？
- アイラインも、どこまで長く引けばいいのか？　わからない。
- チークの場所、濃さは？

などです。

これらを解決してくれる情報は、テレビや雑誌、メイクのプロに聞くことが一番早いですね。

基本がわかった上で、雑誌やテレビで情報を仕入れることもいいのですが、メイクを学んだことのない初めての人や基準値を上げたいと思っている人は、実際に教えてもらうことをおすすめします。時間は有限です。誰にでも平等で無限にあるわけではないですよね。

ですから、あーだこーだ言ったところで時間だけが過ぎてしまいますので、教わる機会があれば教わったほうが近道になります。そのほうが結果としても早く感じられるので、やる気アップになりますね。

その上で、様々な情報をバージョンアップするように書き換えていくと、また今までとは違う人生が待っていますよ。

６　シチュエーションが違うのにメイクは同じでいいのか

いつもと同じ顔とは

ＴＰＯがあるように、結婚式に行くとき、お葬式に行くときなど、行く場所やシチュエーションが違うのに、同じメイクでいいと思いますか。

洋服はドレスや喪服で、場所やシチュエーションで変えていきますよね。それと同じように、本当はメイクも変化させて行くことが、本来です。

結婚式は、色を使った華やかなメイクで、お葬式は色をあまり使わない地味なメイクにして行きますよね。

実は、シチュエーションに合わせた、メイク法があります。

このことを知らない人がいるということは、知っている人から見ると、

「あれ、なんかおかしい？」

というように、思われているということになります。

メイクに変化をつけるなんて、発想もできないから、一辺倒ないつものメイクでいつもと同じ顔。

そして、どこにでも出かけてしまう。何とももったいないですね。

メイクをするという女性の特有を、フル活用してもらいたいと思いながら、活動しています。

印象を変えるメリットは

メイクによって印象は大きく変わります。

このようなことは、情報として聞いたことがあるかもしれません。

では、変化させることで起こるメリットとは…。

外に出かけるとき、ファッションやメイクを変えると，まず自分が自信を持つきっかけになります。

「何だかパッとしないけど、最近、洋服も買ってないし、口紅も何年前に買ったものかな？　わからないから、これでいいか！　時間もないし…」

と、思ったまま外出しても、いつもと変わらないままです。

もし、素敵な場所に行ったとしても、テンションは上がらないですよね。

でも、ちょっとメイクを変えるだけで、印象は変えることができます。

例えば、いつも付けている口紅の色を変えることだけでも、印象を変えることができます。

華やかな場所に行くときは、明るい色の口紅をつけてみること、つやのあるグロスなどを使って、ツヤツヤにする。

まず自分の気持ちが変わり、素敵な印象を周りの人にも持ってもらえることができます。

そうすると、動作、仕草も変わり、活発的に動くとき、しなやかに振る舞うときなど、メイクやファッションを変化させていくと人生が楽しいです。

特に、ママが女性として輝きを取り戻すには、少しメイクやファッションを意識してみるといいですね。

きっと、周りの反応が変わって来るので、そのうち楽しくなって来て、綺麗になる速度がどんどん速くなっていきます。

まずは、メイクなどの見た目から変えることは、即効性がありますね。

どうやって学べばいいの？

先ほどまで、シチュエーションごとにメイクやファッションを変えましょうと、お伝えしていますが、「じゃあ、一体、どうやったら学ぶことができるの？」と、思われると思います。

プロに学びに行くことが一番早いのですが、すぐに行けなかったり、勇気がなかったりします。

一番身近な情報、テレビや雑誌でもいいです。特に、ドラマなどは、いろいろなシーンによって衣装が変わりますよね。

女優さんやモデルさんのファッションを参考にされると、トレンド感もあるので、わかりやすいです。

もちろん、1つのアイテムを取り入れるだけでもいいんです。

素敵だなと思ったものがあれば、似た物を探してきたり、全体の雰囲気を参考にされるといいです。

メイクもそうですが、やはり全体のバランスが大事になってきます。

結婚式に行くときのファッション、デートのファッション、家族でお出かけファッション、フォーマルなファッション、女子会のファッション、ビジネスファッションなど、ただドラマをボーッと見ることなく、自分ならどのようなファッションが好きなのかな。

子供と出かけるときは、

「こんなファッションで、メイクはナチュラルメイクがいいかな」

と、「自分事」に置き換えて考えることが、このような学ぶときのポイントになります。

これは、一度、実践してみてください。

何気なく見ているドラマが、輝く女性のためのテキストになります。

7　参観日に「お母さんもう来ないで！」と言われる理由とは

ヒソヒソ話の内容

参観日で、子供達がヒソヒソと話している光景を見かけたことはないですか。

私は、何度か見たことがあります。その度に、ドキッとしてしまいますが、皆さんはこのようなドキッとした経験はありませんか。

実際、どんなことを話しているのか気になったので、恐る恐る、娘に聞いてみました。

「参観日に、お母さん自慢みたいなものはあるの？」

「あのヒソヒソは、なにを話しているの？」

と、真実を聞いてみました。

すると、やはり想像通り、いろいろ、言い合っているようです。

では、どのような内容かと言うと…、「だれのお母さん？　きれいね～」

「あれっ、だれのお母さん？」

後者は、良くない意味の「だれ？」になっていることがわかると思います。

理由はかなり、現実的に的をえた内容で、それは、明らかに努力不足なところもあります。

昔（私が子供のころ）は、参観日というと、どのお母さんもオシャレをして来ていた記憶があります。

いわゆる（よそ行き）と、言われる外出するときの格好で来ている、というのがわかりやすく、参観日という感じがしていました。

しかし、今はというと、仕事してそのまま制服で来てしまったという人は、仕方ないと思いますが、明らかにいつもの洋服にメイクも、しているかどうか？　判別が付かないお母さんも、よく見かけます。メイクもファッションも色味がなく、印象に残らないのはもったいないし、参観日だと他の子供達も見ています。

せめて、参観日はいつもよりも、少しだけオシャレして行くのは、子供のためにも大事なことです。

参観日に最適なメイク、ファッションは

では、オシャレしたほうがいいですよというと、時々、盛り過ぎている人もいます。というのは、またちょっと違いますよね。極端にいうと、キャバクラのお姉さんのような濃いメイクは、完全にやり過ぎですよね。

逆に、何もしていない（ノーメイク）は、また、寂しそうな印象を与えてしまうので、口紅だけでもして出かけていただきたいと思います。

お出かけスタイルで行きたいですね。

それにともなって、メイクも少し華やかにしてみることを意識してみてください。そして、意識的に変えて参観日に行った日は、子供達に「どうだった？」と、聞いてみてください。

どのような答えが返ってくるのか、楽しみですね。

同じ色

参観日に行くと、季節関係なく、白、黒、グレー、と行ったベーシックな色合いのファッション多いです。

夏は、Tシャツ、冬はフリースなど、定番化しているような気がします。安心カラーなので、間違いないと思い、着たくなる気持はわかりますが、参観日は、色のある洋服を着ると少し、華やかになります。

また、子供達が、お母さんを見つけるときも、綺麗な色を着ていると探しやすくなりますよね。

いつもの、白、黒、グレーから抜け出して、綺麗な色にチャレンジしてみませんか？

赤や黄色の洋服を着ましょうということではなく、例えば同じ白だったとしても、透明感のある綺麗な澄んだ白を選ぶようにするだけで、いつもとは違う雰囲気で参観日に行くことができます。

あと、質感も気にしてはいかがでしょう。

というのは、いつもはコットン素材で、着やすさ重視のものを着ていたとしても、参観日にはふわっとしたシフォンのような素材を選ばれると、優しさときちんと感もアップします。

着る洋服の素材を変えることも、印象を変える1つです。

何をしても構わないので、「いつもと違う」を意識することが一番大切ですね。

8　何となくメイクしてなぜ悪いのか

メイクは義務化？

このテーマを見て、ドキッとされた方は多いのではないかなと思います。

今回の「何となく」というメイクは、

・何となくファンデーションをした

・何となくアイシャドウを付けてみた

・何となく口紅をつけてみた

・何となくチークをした

と、いうように、しなくてはいけないから、仕事にスッピンで行けないからメイクして行くと、なっていませんか。

というのも、義務化していて、「しなくてはいけない」になってしまっているから、もちろん綺麗にならないし、メイクを楽しむなんてこともできないですよね。

義務でやっているメイクは、個性もなくなってしまいます。

何となくだから、もともとメイクの仕方、方法もわからないままだと思います。そうすると、自信のなさがメイクに現れます。

それが、なんとなく…につながるということですね。何となくを続けていても、何となくにしかならないです。

ボヤッと印象と一か所だけきちんとメイク

ボヤッとした印象が、先ほどのテーマにもあったように、何となくメイクをしている印象になります。

いつもメイクレッスンをしていると、「眉」を変えただけで印象を変えることができるのは通常ですが、皆さんのリアクションとして多いのが、「顔がハッキリした！」と、思わず鏡を見て発してしまった！　という状況がよくあります。

このようなときは、心の声がそのまま発せられたことになるので、素直な気持ちが現れていますよね。

何となくメイクは、ボヤッとした印象で人生を送ることになるので、もったいないです。

では、ボヤッとメイクと、一か所だけでもちゃんとしたメイク（口紅だけをしっかり付けるなど）と比べると、どちらがいいのか？　と、聞かれると、即答できない自分がいます。

しかし、一か所だけしかメイクができないという決まりになったら、パーツごとの優先順位を考えてみました。

もしくは、時間がないとき、どこのパーツを抑えておけばいいのかという順番です。

①肌色を整える（ファンデーション）
②眉
③アイメイク
④口紅
⑤チーク

こちらの優先順位を、参考にメイクをしていただくと、「何となくメイク」から抜け出すことができます。

これだけだと、なぜこの順番になったのか、わからない人もいると思うので、簡単に解説していきます。

①肌色を整える（ファンデーション）

メイクをするには土台となる肌の色を整えておかないと、綺麗にメイクはできません。というのも、汚れた画用紙に絵を描いても、何を描いているのかわからないからです。

それと同じことで、肌の色を整えて、アイシャドウや口紅などが綺麗に発色するように下準備をしておく必要があります。

この下準備が仕上がりに大きく影響します。

②眉

眉は絵画でいう額縁の役割をします。ということは、額縁のない絵はないですよね。

この、額縁で顔が締まります。

眉のない人は、額縁のない絵と同じことなのです。眉の重要性が、わかっていただけると思います。

③アイメイク

アイメイクは、皆さん「知りたい」「学びたい」パーツだと思います。

人は、パッとお顔を見たとき、一番にどこを見ると思いますか？

答えは、「目」です。それだけ、印象に残りやすいのも、目の印象です。

あの人は、くりくりの丸い目をしていた。

もしくは、切れ長のスッキリした目をしていた。

など、印象は残りやすいので、重要なパーツになってきます。

④口紅

口紅は、誰でも塗りやすくテクニックいらずなところがあるので、５番になりそうなイメージがあるかもしれません。

しかし、他のパーツをしっかりメイクしたとしても、唇の色がないと完成されないのです。

もちろん、チークまでしてフルメイクをするのは理想的です。でも、時間がなくてチークと口紅のどちら大事と聞かれると、やはり口紅です。

口紅の色によって、健康そうにも見えるし、不健康そうにも見えますよね。

この、唇の色によって、アイメイクや眉が引き立ちます。

⑤チーク

チークは、「なくてもいいよ」というわけではなく、最後の順番にした理由として、少しテクニックが必要だと思ったからです。

チークが難しい人は、自分の肌の血色感でカバーすることも可能です。

チークの役割としては、お顔に血色感を出してくれることと、立体感を出してくれる効果があります。お顔を、小さく見せたい人はおすすめです。

何となくメイクから、卒業していただけるようなお手伝いをしています。

9 「居心地がいい」の落とし穴とは

メイクの居心地がいい＝手抜きになってきている

メイクの居心地がいいというのは、一見するといいことのように思われるかもしれません。

しかし、意外な落とし穴が待っていることを知っていましたか？

どういうことかというと、毎日のメイクを頑張っていた人が、一度、二度、三度と、フルメイクから、アイメイクをサボるようになり、次は、口紅を付けなくなり、と少しずつ手抜きをしてくことがあるとします。

はじめは、何日か続けて仕事が休みになったことをきっかけにメイクをしなくなってきて、そのうち、アイメイクをしたかったけれど、身支度の時間がなくなってきて、「まぁ、いいか」となり、どんどんメイクが面倒になり、しなくなっていくことがあります。

そうすると、しないほうが楽になってきて、メイクの方法を学んだのに、忘れてしまった、なんてこともあると思います。

また、日にちが経って来ると「スッピンは肌にいいから、何もしないほうがいいのよ」なんて言って、いつしかノーメイクになる。

こんなこと聞いたことはないですか。

意外と起こっています。中には、花嫁のときにメイクしてもらったまま、50代までお手入れもして来なかった人もいます。

人間、楽を覚えてしまうと、なかなか、また頑張ることができにくくなります。

ですから、メイクは習慣化することが一番、綺麗の近道になります。

楽を知ればそれ以上頑張れなくなる

一度、楽を覚えてしまうと、どんどん楽な方に流れてしまうのは、よく知られていますよね。

実は、落とし穴の本当の怖いところが、まだあります。

楽に慣れてしまってノーメイクになったことは、仕方がないとしても、慣れてしまった自分を恥ずかしいと思わなくなることがもっと怖いのです。

はじめは、マスクや帽子で恥ずかしいから、ノーメイクな自分を隠していたとします。

しかし、次にやってくる落とし穴は、隠さなくても街中を堂々と歩けるようになってしまうことです。

これは、避けたいですね。

マスクをしているときは、恥じらいがあり、まだ頑張れる要素が残っている状態です。

でも、マスクまでしなくても済むようになったり、顔を出したくなくてかぶっていた帽子もかぶらなくなってしまっては、女性らしさがなくなってしまいます。

10　都合のいい「いいわけ」が招く破滅とは

都合のいい「いいわけ」↓「諦め」というゴール

都合の「いいわけ」と聞くと、あまりいい言葉の響きではないですね。

しかし、社会には、知らず知らずのうちに無意識にやってしまっている人が多いです。

都合のいいというのは、自分に対して都合のいいということです。

例えば、出産をすると、子育てに忙しくなるから、自分にかける時間がなくなり、メイクもしなくなる。

それは、子供が生まれて忙しくなったことが原因だといいます。

原因だと言って、いいわけをして、勝手に女性として輝くことを諦めてしまう。

これは、何とももったいない行為ですよね。

自分ができない「いいわけ」を探して、そのいいわけをいう度に「諦め」というゴールにまっしぐらです。

「諦め」というゴールには決して幸せな人生は、おそらく待っていないでしょう。

そのゴールに入ってしまうと、なかなか抜け出せなくなってしまいます。なぜなら、案外、居心地がいいからです。

そうなると、おじさん化現象が、その先に待っているだけです。

都合のいい「いいわけ」の第一歩

諦めに向かうスタート地点でもある都合のいい「いいわけ」の第一歩。

これはズバリ！

「時間がない」といって、メイクをしなくなることです。

いわゆる、「ノーメイク」になることです。ノーメイクに慣れてしまうと、とても楽ですよね。

そのまま、どこでも行けるようになって。そのうち、「メイクしてないから、顔も洗わなくても、まぁ、いいか？」となって、何もお手入れをしないまま寝てしまう。

最悪は、お風呂も入らなくなってしまう。なんて、ことになりかねないです。

「メイクしないほうが肌にとっていい！」

という勝手な持論に発展し、

「スッピン最高」

「肌に負担を掛けないノーメイクが正義」

と、なるかもしれません。

そうなっては、おじさん化現象の加速度が一気に増し、産毛で合ったはずの体毛は、ひげのように濃くなってしまうようになってしまいます。

もちろん、みんながみんなではありませんが、可能性が高くなるということです。

「ノーメイク」が正義からの脱脚

では、ノーメイクが正義と思っている人が、どのように輝きを取り戻して行くのかということについて、お伝えしたいと思います。

いろいろな方法は、思いついたら行っていただきたいのですが、おすすめの方法があります。

今は、出かけるときに、目的を持って出かけていますか。そのようなことを意識して、でかけたことはありますか。メイクをして出かける場合は、ある程度、ＴＰＯに合わせてメイクに気を遣ったことはあると思います。

でも、ノーメイクの場合は、どの場面でも同じ顔なので、気を遣う必要性がないため、目的を持って出かけることがないと思います。

そこで、目的を持って出かけるという習慣を持っていただく。できる人は、人の集まる所に行ってみる。行った先では、素敵な人、綺麗な人を見つけて、真似をしてみるところから始めるといいです。

まずは見た目でいいので、メイク、話し方、立ち居振る舞いなど、真似てみましょう。とはいえ、なかなか自分の時間がない人や、どんな人達が集まっているところに行けばいいのかわからない人には、まず、趣味を持ってみるといいですね。

好きなこと、興味のあることを見つけることができれば、自分の積極性が増して自分から動くことができます。

好きなこと、興味のあることが目的となるからです。ただ、漠然と人に会うことだけでは動けないのです。とはいえ、趣味を持つことが難しいという人もいると思います。

しかし、本気で自分が「変わりたい」と思う気持ちが少しでもあるようなら、強制的にでも人と会う場所、時間をつくることが大切です。例えば、一人ではなかなか行動することができない場合だと、友達と一緒に行く約束をするというのも１つの案です。

ダイエットでも例を挙げましたが、自分のためだけ自分だけというのは、強制力が強く、意志が弱くなり、「まあいいか」となりがちです。

今回の目的というのは、「ノーメイクで出掛けることができないような場所に行く機会をつくること」となります。そのために、好きなこと、興味のあることを見つけ、外に出ることです。まずは、人の集まる所がキーワードです。是非、試して見てください。

メイクセラピーとは

皆さん、メイクセラピーという言葉を聞いたことのない方もおられるかと思います。

ここで、簡単にお伝えしたいと思います。メイクセラピーとは、カウンセリングを用いたメイクアップ技法で、単純に外見をキレイにするだけでなく内面のサポートもします。

メイクによって外見の印象が変わると、心にも変化が起きて来ます。心の変化と連動して、仕草、行動も変わり、自己肯定感が高まり、次へのアクションが起こしやすくなります。なかなか行動ができない人や、言い訳が多い人は、自己肯定感や自己評価の低い方が多いです。

まずは、自分を認めてあげましょう。そうすることで、次に行きたい未来を見つけることができますし、実際に行動に移すことで、その未来を手に入れやすくなります。

手に入れることができると、さらに、また次、また次へとどんどん手にすることができます。

メイクセラピーは、美容、医療、福祉の分野で活用することができます。

しかし、多くの人は、どこかで変わりたいと心の奥底で願っているけれど、現実は変われないと思い込んでいます。変わり映えのしない日常生活を明るい未来を豊かに輝かせることができる手法になります。

第3章

なぜ
メイク・セラピーで
人生が変わるのか

1　女を捨てた私が綺麗になりたいと思ったきっかけとは

キラキラ輝きながら働きたい

私は、学校を卒業してから、福祉の世界に入り、後半は、介護福祉士として働きました。

しかし、二人目の妊娠を機に、仕事を辞めました。そして、この私が、3年間専業主婦として育児をしていました。

その家にいる期間は、子育てに追われていたので、暇だったというわけではなかったのですが、周りの人は働いているのに、自分は社会から取り残されてしまったように思うようになってしまいました。

「このままでは嫌だ、働きたい！」

と思い、一念発起して美容の世界に飛び込みました。

では、なぜ美容の世界に入りたかったのかというと、元々、化粧品が好きだったということ。

買い物に行くと、化粧品売り場のお姉さん達は、綺麗なメイクをして、綺麗な売り場で、素敵な制服を身にまとい、スッと立たれていて存在がキラキラしていて、華やかな世界に憧れを持っていました。

憧れていたものの、まさか自分が…と、内心思っていたので、面接後「採用します」という言葉を聞いたときは、ビックリしました。それと、同時に、やる気がみなぎってきました。

「早く新しい世界に飛び込みたい」

当時の私は、化粧化もなく、地味な印象だったので、「よく採用してもらえたな」という覚えがあります。

とはいえ、全く知識、経験、スキルがなかったので、まず、この３つを頭に入れることから始めました。

学ぶことが楽しくて、夢中で知識を入れていきました。乾いたスポンジが水を吸い込むように、吸収していきました。

外にでたい

心の叫びが「外に出たい」と、思ったところから始まりました。

第１ステップでした。

その後、化粧品を販売しながら、メイクを学んでいきました。すると、今まで知らなかったメイクで変身した自分の顔を知ることがどんどん増えていきました。新たな発見の連続だったのです。

この現象は、

「女性として生まれて良かった」

と感じる瞬間でした。

今まで、綺麗にしたかったけど、できなかった反動が今、ようやくできるという嬉しさから喜んでいる自分がいました。

それまでの自分は、ジャージでどこでも行けてしまっていました。

しかし、いつの頃からか

「このままでは、自分が女性でなくなってしまう」

「お母さんで一生を終えたくない」

心からそう、思うようになり、毎日、考えるようになりました。

考えていると、

「やっぱり、外で働きたい」

という思いが日に日に強くなってきて、新しい世界はとても怖かったけれど、飛び込む決心をしました。

お客様を綺麗に…ステップ2

実際、飛び込むことを決めて、働き始めましたが、見るもの、触るものすべてが、新しいことばかりで、恐怖の連続でした。

綺麗にしている美容部員のお姉さんたちは、テキパキと仕事をこなして行きます。

一方、私のほうはというと、初めてのことに戸惑いながら、初めての接客に右往左往していました。

それでも、人間は素晴らしくて、知識、経験、スキルを積み重ねていくと、始めはできなかったこともできるようになっていきます。

何でもそうですが、本当にすごいことだと思います。できるようになると、仕事が楽しくなってきます。楽しくなってくると、もう上手くなるしかありません。

この、何をやっても楽しいときに、メイクと出会いました。

スタッフ教育を受け、まず、自分を綺麗にすることから、美容の勉強は始まります。その次に、お客様を綺麗にするためのメイクや、美容法を学びます。

私がたくさん学んだ中で一番楽しかったことが、メイクでした。特に、お客様を綺麗にして差し上げることは、心からの喜びでした。

メイクの販売も得意になっていきました。

得意なことができると、また余計に頑張れてしまいます。

このようにして、少しずつ、美容の世界では成長することができました。このときの喜びや、経験が今の自分をつくり上げています。喜びの数というのは、自分の喜びの数、お客様の喜びの数などの種類がありますよね。すべて合わせて喜びの数がたくさんあればあるほど、自分の自身につながっていきます。何もわからない状態で入った世界でしたが、小さなステップを踏みながら積み上げていくことで。さらなる未来が開けていきます。

2　なぜ、自分を知ることが人生を変えることになるのか

他人を知ることで自分を知る

私が自分を知ったきっかけは、専業主婦のあと、働き始めて外に出るようになって、周りの人（美容の同業者）を見たとき、あまりにも綺麗な人たちが多く、自分との間に大きな溝を感じました。この瞬間、自分の立ち位置を知りました。自分の不甲斐なさを知ってしまったのです。

「もっともっと綺麗にならないと！」

家にいたらわからないことですが、外に出て働きたいと思ったからこそ、自分を知ることも怖かったけれども、知ったおかげで、努力すること決めました。

そして、周りの人達のように綺麗になることができるのかと考え、溝を埋めるにはどうしたらいいのかと研究するようになりました。

このように考えることで、綺麗になろう！　という意欲が高まり、スピードが増しました。まず、メイクを変えて、綺麗な人達の真似をしました。

そして、着ているファッション、靴、バッグなども、まずは真似していきました。

真似をしていくうちに、自分がどのようなスタイルでいきたいのか、わかってくるようになりました。

結果的に、いい意味で周りと比較したということになります。比較することにとらわれてしまうと、自分のスタイルが見えなくなってしまいます。わからないときは、真似ることが大切ですが、ある程度わかってきたら自分の好み、スタイルを確立していくことがいいですね。

見た目年齢が変わる

他人と自分の差を知ることが大切ですと、お伝えしました。その差を埋める努力をしていると、もれなく「見た目年齢」が変わってきます。見た目年齢は、その人の体内年齢とも比例します。そう考えると、見た目は健康にも大いに関係します。見た目を気にして綺麗にしておくことは、自分だけでなく周りも幸せにします。

そして、何よりも、周りの反応が変わって来ることに気づくと思います。

では、男性と女性のどちらの変化が顕著に現れたかというと、私の経験では、男性からの扱いが変わったように思います。

とはいえ、買い物に行った先で、お店のご主人から、おまけの品をもらうことができるようになったとか、駅構内の階段で、重い荷物を持っていたら、

「持ちましょうか？」

と、お声をかけてもらえるようになったり、今までにはない体験が増えました。

おまけは、やはり、ニッコリ笑顔ということが、かなり重要です。

しかし、ニッコリ笑顔は意外と、誰でもできないものです。

自分に自信を持つことができなかったり、迷っている人は笑顔になれないものです。

でも、あえて、ニッコリすると、心が緩んで、素敵な人が集まって来て、本人がどんどん素敵になっていきます。

こんなにいいことはないですよね。ニッコリ笑っているだけで、素敵になれるのです。

また、重い荷物も持ってもらえる場面が自分の人生に起こりうるものなのかと、初めて実感してしまいました。

「持ちましょうか?」

という言葉を聞いたときは、自分の耳を疑いました。

よくドラマの中であったワンシーンだったので、本当に、お声をかけてもらえたときに、

「ほんとうだったのね」

と、しみじみ余韻に浸っていました。それと、同時に、少し、いや、かなり嬉しかったです。

ドラマにでてくる､綺麗なか弱い方に声をかけるシーン。とうとう､私もそんな人達の仲間入り?

というような錯覚を覚えました。錯覚を覚えた私は、さらに錯覚をさせるために研究しました。自分がどのようにしたら弱く見えるかではなく、声を掛けられるような雰囲気とはどういう雰囲気なのか。見られたい自分は、どういった感じなのか、と研究するようになりました。

すごい階段…
スーツケース運べるかなぁ～
大丈夫ですかぁ、
手伝いますよ！

錯覚は素敵な特効薬

この錯覚をいいように使って行くと、願いが叶う速度がどんどん早くなります。

これは、私も実証済みです。錯覚は誰から与えてもらうのか。一人では、難しいかもしれません。

自分の憧れている人、目標達成している人と、一緒にいる時間を増やしていくだけで、あこがれの人と、いつの間にか同じような考え方に似て来たり、話し方も似て来たりします。

これは、「ミラーニューロン」といって、1996年　イタリアパルマ大学のジャコモ博士が発見した「モノマネ細胞」とも呼ばれています。

ですから、モノマネ細胞をフル活用して、自分の脳をどんどん錯覚させて行くと自分でも知らない自分に出会えます。

私の場合は、か弱い綺麗な女性の仲間入りと勘違いし錯覚することで、そういう女性になると決めました。

決めたものの、時々、頑張って重いキャリーケースを持って、階段を急いで上ってしまったときは、

「あ、やってしまった」

と、反省することもありますが、すぐにまた修正して、無理はしないことに決めています。

素直に、「お願いします」と、言う癖を付けています。

間違っても、「大丈夫です！」と力強く言わないほうが、女性の場合は得な気がします。

女性である特権を大いに使っていきましょう！

3　綺麗になるためになぜメイクが必要なのか

メイクはやる気スイッチ

男性は、オーダースーツを身にまとうことで高揚感を高め、勝負の日の必須条件だと聞きます。

メイクは女性の特権です。この特権を使うと、自信、希望、勇気につながっていきます。

男性のオーダースーツと同じように、メイクをすることで、高揚感を高め、なりたい自分に変身させてくれます。

私の場合は、メイクがすべてのスイッチになっています。

このスイッチをオンにすると、やる気、勇気、自信、エネルギーがみなぎってきます。

例えば、オフの日、メイクもせずに1日、家にいるとします。何だか、全く身体に力が入らず、やらないといけないこともできずに、あっという間に時間だけが過ぎてしまいます。ノーメイクで過ごしたばかりに、何度こんなもったいない日を過ごしたことかわかりません。

みなさんは、このような経験はありませんか。

メイクするまでダラダラ過ごしてしまうことってよくあると思います。

そうならないためにも、メイクという、

「綺麗スイッチ」

を是非オンにしてみてください。

始めは綺麗になりたいことが一番の願いだったとしても、違う目標が叶っているかもしれません。

気持ちが明るくなるメイク

男性はもちろんですが、女性も「華やかな女性」は、目を引きます。

そして、華やかだなと思える人は、やっぱりメイクも素敵に決まっています。

全体的なバランスが必要なので、綺麗に装っていても、ノーメイクだと残念です。

「もったいない」と、勝手に思ってしまいます。

ということは、色を使って、アイシャドウや口紅をチェンジしていくと、少しの変化で華やかになります。

色味を考えないといけないですが…。アイシャドウを付けても、黒とベージュで仕上げてしまっては、「華やかさ」からは、遠ざかってしまいます。

色の効果は、色彩心理にもあるように、明るめの口紅を付けてみたり、アイシャドウもダークな色ばかりではなく、違う色もいいですね。

そうすると、気持ちも積極性がでて、やる気もアップします。

メイクと心の関係は、密接にかかわり合っています。ダークなメイクをしてカッコよく決めるのと、仕草や言葉使いも変わってきます。やはりメイクと内面は連動していますね。

何でも叶えてしまうメイク

メイクが与える心理的効果というものがあります。

それは、自尊心の向上、社会的な幸福感などがあります。

メイクをすることによって、身体的問題をカバーし、自己呈示したい特徴を増強することで、自己評価を高めるとともに、社会的積極性を高めることになります。

自己評価が上がるのはいいですよね。では、メイクをしない人は、する人と比べて、自己評価が低くなる可能性が高いということになります。

メイクは、そんなに深い感情にまでアクセスしてしまうなんて、知っていましたか？

本当に奥が深いです。

このことを、日常生活に活かしていくと、今までなかなか踏み出せなかったことでも、できてしまいそうな気がします。

そして、メイクで「綺麗スイッチ」をオンにすると、チャレンジする勇気を持つことができます。

この、チャレンジ精神を持てるようになると、無限の可能性が広がっていきます。

無限の可能性を秘めているメイクを、しないなんてもったいないです。

綺麗になるだけでなく、新しい自分になるため、発見するため、出会うために、メイクは必須になるということになります。「本当にそうなの？」と思う人がまだまだいると思いますが、一度騙されたと思って１つでも行動に移してみてください。

4　なぜ自分に合うメイクで満足してはいけないのか

同じお面でいいの？

メイクがわからないからということで、プロが教えるメイク教室に、あなたが行ったとします。

そこで、自分に似合うメイクを教えてもらったとします。

1つ、自分に似合うメイクパターンが見つかったからといって、そのメイク方法をずっとしているといつ見ても同じメイク、同じ顔のままで当分過ごすことになります。

そのままの自分で、満足していてもいいんですか。

と言われても、イマイチわからない人もいると思いますので、簡単に解説してみたいと思います。

メイク教室などでしっかり教わるのはとてもいいことなのですが、

「これが似合うメイクですよ」

と言われ、どこに行くにも同じメイクで、たとえファッションに変化を持たせたとしても、顔が同じだと、お面を付けているようなものです。

「一番似合うお面がこれですよ」

と言われたときからずっと同じにしているということになります。またまた、もったいないですよね。

同じお面にならないということは、せめて、もう1パターンのメイク法を知っておくということです。

ニヤニヤしたいと思いませんか

え、自分に合うメイクって何パターンも方法があるの？

このように思われた方もいることでしょう。実は、あるのです。

何パターンもとはいかなくても、最低2パターンは知っていてもらいたいと思います。

すると、とても人生が豊かに楽しくなります。

ファッションに合わせて、行く場所（シーン）に合わせてメイクも変えることができるのです。

想像してみてください。

違うメイク、違う雰囲気の自分が何人もいて、使い分けるようなイメージをしてもらえると、「うふふ！」って、にやりとしてしまいませんか。

私は、想像しただけで、ニヤニヤになってしまいます。こんな自分も、あんな自分も演出することができるって思うと、楽しいですよね。

このメイクに合わせて、ファッションもあんな感じ、こんな感じといろいろ考えるのです。いろんな自分に出会えるチャンスです。

使い分けるというと難しく考えてしまうと思うので、行く場所、着る洋服に合わせて、メイクのパターンを２つ持てるといいということになります。

満足は停滞のサイン

自分のメイクに満足してしまうと、それ以上の進化はありません。

停滞ならまだいいのですが、ある時点から止まってしまうと、時間も一緒に止まってしまいます。

いつしか古くさいメイクになっているということになりかねないのです。

おそらく、ほとんどの人がこのようにいつ覚えたかわからないけれど、

「確かこうだったよね〜」

と記憶に残っているメイクをいつもしていて、時が止まったままになっているのでしょう。

この時差を解消するには、いろいろな自分を演出することなのです。

何でもそうだと思いますが、満足してしまうということは、それ以上の情報を取り込まないというように、勝手に脳が判断してしまいます。

この、勝手な判断はありがた迷惑ですね。自分は、どんどん、綺麗になりたいと思っているのに、脳が判断した時点で進化がなくなるなんて、信じがたい事実です。

何でも、自分でブロックしてしまうと、その先に見えていたかもしれない可能性が閉ざされてしまいます。

これが脳で起こってしまうということです。恐ろしい事実です。

そうならないためにはどうしたらいいのか？　それは、何でもチャレンジしてみる。新しいことをやってみるということが、進化を止めないコツです。

5　なぜメイクをすると周りから大事に扱われるのか

メイクとほんの少しの気遣い

先ほどの周りの反応が変わるということにも繋がるのですが、メイクに気を遣う、ファッションに気を遣う、仕草に気を遣うとなると、自然と女性らしさが際立ってきますね。

おじさん化現象　↓　ママ　↓　女性と戻ります。

そして、20代の若かったころの気持ちに戻っていくことができます。

綺麗な洋服を着てメイクを整えているとき、いすに座る仕草もおしとやかになりますね。

例えば、座っているとき、膝を合わせて、斜めに足を折っていると、とても女性らしく素敵に見えます。

このような行動、仕草が1つひとつ積み重なっていくのです。

しかし、メイクにも気を遣わず、女性らしさを求めないおじさん化現象に走ってしまった人は、どのような行動かというと、スカートで座ったとしても膝が開いてしまっているのです。これは、残念の一言ですね。

電車でもたまにいませんか？

スカートを履いた女性が、座ったとき、膝が開いていて思わず、「下着が見えてしまいそう」となり、目をそらしてしまったことがありませんか。確かに減るものではありませんが、周りのことも考えて欲しいものですね。

メイクをする=自分を大事にすること

「えっ、メイクが自分を大事にすることになるの?」

と思われると思います。ところが、これはとても大事なことです。

メイクをすることで、自分にかける時間をつくり、鏡を見ることで自分と向き合うことになります。少しずつでも、綺麗になっていく自分を見ていると、頑張っている姿を褒めてあげたくなります。愛おしく思えるようになり、そんな自分を大切にしたくなります。自分を大切にできる人は、周りの人も大切にすることができます。

当然、鏡のように反応するので、自分自身を大事にしていると、相手からも大事にされるようになり、扱いが変わります。これは、無意識のレベルで誰もが自然とやっていることのように思います。

それくらい、そんなこと? と思われるかもしれませんが、この微差が今後大きな差を生みます。

やはり、毎日の積み重ねなので、毎日,メイクをすることも習慣化させることが大事で、おじさん化現象に走らないために自分を大事にする時間を持つことも習慣化が大事です。

始めは、習慣化するのは、つらい行為かもしれませんが、ハミガキをするくらいのレベルまで達すると、もう努力は不要になり、習慣化完了ですね。

与えられるのではなく、自分でつくるもの

自分を大事にする時間は、誰かから与えられるものではないです。

自ら時間をつくることになります。ここを抑えておかないと、いつまで経っても「時間がない、時間がない」と言い続けなくてはなりません。

そうこうしている内に年齢だけは容赦なく過ぎていきます。

こんな、人生は望んでいないはずです。

誰しも、一度は、輝かしい人生を送りたいと願っていると思います。

もちろん、私もその一人です。ですから、変わりたいと願いました。そのためには、自分にもっと手をかけてあげることを知りました。

それまでの私は、子供達が一番、自分は一番最後で、後回し。

この考えでは、変われるはずもなく、綺麗になれるはずもないですよね。だって、自分のことを考えていなかったので、「自分の時間＝悪」とさえ思っていたわけですから。

こんな状態で、周りの人を大事にすることができないですよね。余裕がないので。

この「余裕」というキーワードは今後も大事なワードになります。余裕がないと、人も集まってこないので、周りから大事に扱われるなんてことも起こらないです。

どう考えても、余裕がなく、せかせかしている人と一緒にいたら落ち着かないので、声も掛けづらく、遠ざかっていきます。

6　なぜメイクを変えると生き方が変わるのか

快く受け入れてもらうことで魅力アップ

一見、壮大な大きなテーマのように感じるかもしれませんが、私が実際にそうでした。

メイクもほどほどに、ジャージで汗いっぱいかいて走り回って仕事をしていた自分から、今では全く逆の生活と仕事をしています。

それは、まぎれもなく、自分を大好きになるメイクを知って、いろいろな自分に出会えることができたからです。

素敵な女性に見られたいという想いから、振る舞いも自然と変わって行き、周りの私に対する扱いも変化していきました。

わかるように言えば、丁寧に女性としての扱いを受けるようになったということです。

それまでは、仕事もプライベートも男性と対等にいないと、負けたように勝手に感じてしまっていました。しかし、そんな考えを持って張り合ったところで、勝てる見込みはないのですから、考えるだけ無駄だと思うようになりました。

というのも、女性にしかできない役割があると信じています。

違う方面から男性をフォローすることができないかと考えます。

このような考え方を持つようになってから、余計に以前とは扱いが変化したと思います。

男性からも敵だと思われなくなったことで、快く受け入れてもらえるようになったのです。

心の中で、男性に「負けたくない」と思っていると伝わるだけでなく、同性と同じように扱われることになるので、女性という魅力を発揮できないままで終わってしまいます。

もったいないポイント発見です。

自分に自信が持てる

今までの自分から変身するためにメイクを変えると、周りの反応が変わる。

「いい感じ」と褒めてくれると、褒められたほうは、当然嬉しいですよね。その、嬉しい気持ちがどんどん貯金されて、自信に繋がっていきます。

自信に繋がると、新しいことやできなかったことにチャレンジしたくなります。

これも、自分の脳を少し騙してみて、「もしかしたら、自分にもできるかもしれない」「もっと広い世界を見てみたい」と思えてしまいます。

そして、そのように思えたら、思考やメイクを習慣化し、積み重ねていきましょう。

積み重ねた上で見えて来る未来があります。

メイクをきっちり整え、周りの目を気にして、コソコソやっていた自分とはサヨナラする。

そうすると、どう考えても生き方まで変わってしまいます。

変わらないほうがおかしいとさえ思えてしまいます。しかし、この変化している途中というのは、楽しいので努力したという感覚はないのです。

あまりにも辛いのなら、頑張れないですよね。でも、楽しく美しく、輝やく女性になれるということです。メイクには、それだけのパワーがあります。

「見せたくなる」くらいまでの美意識

例えば、自信を持って何か新しいことを始めたとします。

自分では頑張っているつもりはなかったとしても、目的に向かって走っている人は自然と輝いてくるのです。

「なんか最近、素敵ね、がんばってるね」

と言われると、嬉しいですよね。この言葉をかけられると、もっともっとがんばろうと思います。気にかけてもらっている、周りから「見られている」という意識が、さらに綺麗を加速させていきます。

やはり、「見られている」という意識を持ち生活している人は、綺麗になる、洗練されていくには　かかせない要素です。モデルの人達も芸能人も見られている意識が高いので、とても綺麗ですよね。

一度、引退でもしようものなら、「見られている」の意識がなくなった瞬間、一気に老けて、おばちゃん体系になり、内面からの輝きもなくなって、普通の人に戻ってしまいます。

「あの人は今」の番組に呼ばれることになります。

それくらい「見られている」という意識は、パワフルです。

そして、「見せたくなる」くらいまで美意識が高くなると、人生は180度変わります。

7　なぜメイクの力で表情が変わるのか

自信を持つと自然と笑顔になる

メイクと心は大きく関係していることは、もうわかっていただけたと思います。

先ほど、メイクをすると自信に繋がるとお伝えしました。メイクをして、自分の大好きな顔に出会えたときは、自信に繋がりますよね。

逆に、化粧品売り場のカウンターでメイクをしてもらったとしても、自分が気に入らないメイクだったら、自信どころか、嫌な気分だけが残って、「メイクしてもらわなければよかった」とさえ、思ってしまいます。

このようになっては、せっかくの変化するチャンスもどこかへ行ってしまいます。

そのようにならないためには、メイクを習慣化して
「自分の好きな顔（メイク）を知っておく」

ということです。

この好きな顔（メイク）が決まれば、いざというときに再現することができます。ここでいう、いざというときとは、みんなでランチに行く、や、同窓会、写真を撮られるときなど、綺麗な自分を残したいときに、好きな綺麗な顔（メイク）で参加することができます。好きな顔だと、自信もあり、笑顔も自然とできて、素敵な笑顔が溢れてきます。これは、是非、試していただきたいです。

周りに与える影響

自信を持つことができて、自分の好きな顔（メイク）を知り、周りから「笑顔が素敵ね」など言われると、自分自身が大好きになりますよね。

これが、メイクの醍醐味と言ってもいいと思います。

「メイクをして綺麗になりましょう」

ということは、ある意味簡単で、私が始めから伝えたいと思っていることは、

「自分を大好きになりましょう」

ということなのです。

その1つのツールとしてメイクがあります。

この、ツールを最大限使って、綺麗になり、自分が好きな自分の顔を知り、自信を持つことで、

〔図表5　自分が変わると周りの反応が変わる〕

新たな世界に挑戦していただきたいのです。

「そんなことしなくても、私は、自分のことが大好きよ」

という人もいるかもしれません。しかし、

「本当に、ノーメイクの自分が好きですか？」

と聞きたくなってしまいます。心のどこかで、メイクをやってみたいけれど、どのようにメイクをしたらいいのかわからない人が、大半を占めると思います。でも、実際に、

「どこに習いに行けばいいのかわからない」

「化粧品売り場だと、売り込まれてたくさん買わないといけなくなりそう」

など、様々な悩みや不安があると思います。

しかし、一度はプロに学ぶことをおすすめします。

メイクレッスンをしている人はいます。私もその一人です。

何もしないで、時間だけが過ぎて、「気が付いたら、おばあさんになってしまっていた」ということだけは避けていただきたいと思います。少しでも行動を起こした人は、必ず、自分も環境も変わります。

何よりも、自分が外に向けるエネルギーも変わって来るので、周りに与える影響が変わってきます。

女性を取り戻す

笑顔が素敵になっていくと、心も柔らかになっていきます。

柔らかになっていくと、女性らしさが倍増していきます。倍増していくと、女性ホルモンも活性化されます。女性ホルモンと女性の美しさとは切っても切れない関係です。このことは、よく知られていることだと思います。

女性ホルモンには2つあり、特に美しさに関わるホルモンは「エストロゲン」といいます。

このエストロゲンには、ヒアルロン酸やコラーゲンの分泌を促す作用があります。そのため、ヒアルロン酸やコラーゲンが分泌されることにより、肌の水分量が増えたり、皮脂の分泌は抑えられ、化粧のりのいい、ぷるぷるお肌へと期待ができます。

また、髪のハリ、ツヤ、コシがある髪になれます。ボディラインを引き締める効果も望めるようです。

しかし、女性ホルモンというのは、増やすというよりは「分泌量のバランスを整える」ことが重要になります。

というのも、一生のうちで分泌される量は決まっていて、ティースプーン一杯分だといわれています。また、分泌される量は年齢とともに減って行く一方です。

「分泌量のバランスを整える」ことが重要ではありますが、些細なことでこのバランスは崩れやすいものなので、生活習慣を見直したり、効果の期待できる食べ物やサプリを摂ることを意識してみるといいですね。

恋をすることもいいようです。ドキドキがいいですよ。

８　なぜメイクの力が自信に繋がるのか

好きなメイクを知る

ここまで、何度も自信についてお伝えしてきました。自信がついて、メイクで好きな顔に出会えると、見てもらいたくなって、外に出かけて行こうと思いますよね。

「もっともっと綺麗になりたい」という いい意味での欲も出てくるでしょう。

ここでも大事なことは「自分の好きな顔（メイク）」を知るということです。

「自分の好きな顔」が、決まれば、自信満々で思わず外に出て行きたくなると思います。もちろん、逆もあって、メイクが決まらない日は、出かけて行ったとしても気分が乗らないこともあります。

女性は、誰もが経験したことがあると思いますが、眉の形が決まらず、時間がないからと不服ながら外にでかけた日は、1日、憂鬱ではないですか?

私は何度もこのような経験をしました。

自信がなく、積極的に発言できないし、みんなが自分の眉を見ているんじゃないかなとか、余計な心配をしてしまった記憶があります。

本当は、私が気にしているほど、誰も眉に関して気にしていないはずなのに…。思い返せば、なんとも意味のない心配をしていたなと、思い笑ってしまいます。

変身願望

好きな顔に決まらない日は、外に行っても積極的になれず、写真に写るのも嫌になります。心で感じていることが、表情として現れるからです。

私は、現在、プロフィール撮影のメイクをしています。写真は、とても顕著に心状態が画像として残ります。

普段、メイクはわからないから、ほとんどしていません。「当日は綺麗に残したいからプロに任せます」という感じで来られます。

そこで、私は最大限、その人の良さ「チャーミングポイント」はどこかなと、常に考えながら、メイクをまずしていきます。

ほとんどの人が、ノーメイクで来られるので、普段のメイクはわからない状態です。ですから、あまり普段のメイクとかけ離れてしまいますと、写真として残ったとき、逆に違和感として残ってしまいます。

違和感とならず、その人の良さを最大限に引き出すメイクを心がけています。

「自信」というスパイス

プロフィール撮影の仕事のときは、良さを引き出すことはもちろんで、当たり前といえば当たり前です。ヘアメイクで綺麗、良さを引き出した後、さらに美しく見せてくれるスパイスがあります。

それが、「自信」です。

撮影スタジオに来られたときは、ノーメイクなのでマスクをして顔を隠して来られます。

私はノーメイクで外に出ることはないので、ノーメイクで外に出るときは、体調が悪く病院にどうしても行かないといけないときくらいです。

マスクをして来られるのは、見られたくない、恥ずかしいという自信がない状態で来られています。

その状態から、いろいろ聞き出して、一番綺麗に見えるメイクを進めていくと、表情がみるみるうちに変化して行きます。

目がキラキラし始めるのです。

本当に、どんどん変わって行かれるので、見ているこちら側が幸せな気持ちになります。

メイクで綺麗になられ、鏡に写る自分がどんどん変わって行く様子をみていると、キラキラする中に、「自信」が出て来て、カメラマンさんに撮られるころには、モデルさんのように笑顔が自然と溢れて来る人がほとんどです。

この「自信」というスパイスは、かなり強力で誰にでも使えるスパイスです。

9 なぜメイクの変化が新しい自分を発見できるのか

スイッチをつくる

私は、メイクをすることによってやる気スイッチとなり、出かける前や家事をする前などに必ずしないと、物事が進まないのです。
それと同じように、他にもスイッチはあるのです。
•優しくなれるスイッチ
•カッコ良くなれるスイッチ
•女性らしくなれるスイッチ
など、いろいろあるのです。しかし、ほとんどの人は使いこなせないまま、人生を過ごすことになることでしょう。

「もったいない」の一言につきます。せめて、２パターンほどのメイク法を知って使い分けると、人生の色味が変わって来ます。くすんだベージュからバラ色になります。

今までは、思い込みという幻想のメイクをして、自分をつくっていたと思います。思い込みは本当に幻想なので、早く捨ててみることで新しい自分に出会えます。

思い込みを捨てて、新しい自分に出会うために、いつもと違う優しいスイッチをいれてみると、印象の変わった自分を知ることができます。

また、違う日は、カッコいいというスイッチを入れてみると、また違う自分になることができます。

やはり、同じメイクだと、マンネリ化してしまいますね。

メイクが現す感情とは

「この、ハゲー！」というフレーズで一躍、時の人となった議員がいましたね。この人のメイクは、とても注目されました。

というのも、顔の印象に違和感があったからなのです。

では、どこが違和感だったのかというと、「眉」です。この、「眉」が特徴的かつ違和感のある「眉」でした。

というのは、騒動の過中にいたときの「眉」は、

①角度が上がり過ぎる眉、
②太め
③眉間が狭い
この3つが特徴的でした。

この3つの特徴がそれぞれどのような意味を持っているのか解説してみたいと思います。
①の角度の上がっている眉というのは、神経質で他人の評価に過剰に反応してしまう。特に上がりすぎている場合は、必要以上にヒステリックで気苦労が多くなる。
②の太めの眉は、男性的で生命力が強く、エネルギッシュであること。
③の眉間が狭い眉は、現実的で仕事はできる人ですが、神経質で細かいことに気づく。他人の失敗は許せないタイプ。
これらのことをまとめてみると、今回の議員の眉毛診断としては、
○男性的で攻撃的。エネルギッシュ！
○キレやすい
○ヒステリックになりやすい
○他人の失敗を許せない、ストレスもたまりやすい傾向にある
ということです。それにしても、ドンピシャですよね。そのままが、顔に出ています。
そこから、今ではイメージチェンジされて、全く違う印象の「眉」になっています。

角度はあまりつけず、いかにも優しい印象になって謝罪されたり、有権者にお声かけされていました。

この場合、先に攻撃的なメイクをしていたから、感情や人格を創り上げたのか、もともとの人格が、このようなメイクに至ったのか、前後関係はわかりませんが、メイクと感情の関係性はとても深いということは言えます。

言葉や感情がメイクに反映される

メイクをするとき、イライラした気持ちでいると、それがメイクに反映されてしまいます。

印象的に怖い顔をつくってしまい、心も同じように怖い感情を表に出した状態で、１日過ごすことになってしまいます。

そうすると、周りの人からは、近寄りがたい存在になってしまい、本当は優しい人だったはずなのに、人格、性格が変化してしまうことがあります。

逆に、この悪いパターンを利用することも可能です。

新しい自分を見つけるときは、メイクの力を借りてしまうことができます。

周りからこんな自分に見られたい！　という願望がある場合、利用して、メイクからなり切ってしまえば、難しいことではないことに気づきます。

モノマネをしているタレントの人達は、まず、外見、見た目を似せていくことで、モノマネされています。

この原理と同じことなのです。いろいろ、変われるということは、メイクの力がとても大きいと思います。

10　なぜメイク・セラピーで自分を好きになるのか

セラピーの最大の目的とは

今までの内容は、メイクによって気持ちを変える、変えることができるということを、伝えたくて書いてきました。

まさに、これがメイク・セラピーといいます。

メイクの力で、気持ちを変えることができるのです。

そして、自分はどのような自分になりたいのか、なりたい自分をメイクでつくるイメージです。

もちろん、メイクによってリラクゼーション効果もあります。

優しいメイクをすると、気持ちも優しくなれるし、強い格好いいメイクをすると、攻撃的な強い立ち居振る舞いになります。言葉も当然、強くなってしまいます。

心を自由に変化させることができるのです。

セラピーの最大の目的は、「自分を好きになる」ことです。

メイクで、変わった自分を、一人で鏡の前でニヤニヤしていても仕方がないですよね。外へ出て、周りの反応を見てもらいたいです。

そこで、いい感じに仕上がっていると、自信に繋がります。

メイク・セラピー　自分が変わるステップ

「今までの自分から変わりたい！」と思う人は、他人を変えることができないので、まず自分が変わることが一番速いし、自分が変わらないと周りを変えることができません。

これが、第一ステップになります。

メイクによって見た目の自分を変える（自分を好きになる）

←

仕草や行動、発言が変わる

←

周りの反応が変わる（扱いが変わる、丁寧な扱いに変わる）

←

自分を好きになる（積極的になれる）

このように段階を踏んで、自分が変化していきます。

自分が素敵に変化すると、周りへ与えるエネルギーがとてもいいエネルギーに変わっていきます。それが、また、癒しの効果になります。

逆に、いつもイライラ、忙しそうで、怒っていて自分のことが嫌いな人のそばにいると、その人の波長やエネルギーによって、しんどくなってしまったり、他の人もイライラをぶつけてしまったり、悪い効果しか発揮しないこともあります。

自分を好きでいないと、誰も好きになってくれないですね。まずは、自分が自分を好きになることから始めましょう。

きれいな花には、蝶もたくさん集まってきますね。それと同じ原理で、自分を好きでいることができて、いつもニコニコしていたら、自然と人が集まってきてくれます。

即効性がある

自分を好きになるのは、見た目を変えることが一番速いです。その中でも、メイクは即効性があります。

速攻で変わった自分を、はじめはなかなか受け入れることができません。でも、10分もあればすぐに見慣れます。いつもと違うメイクであるため、なかなか似合っているのかどうかわからないといわれます。

これが、優しいメイクなのか、キュートなメイクなのかピンとこなかったとしても、なり切るところからです。

そうして、メイクからなり切って行くうちに、周りに発する波動も優しいものになり、周りから自分にまた返ってきます。

そして、「○○さんといると癒される」と言われる存在になったり、パワフルな自分になりたいと思って、なり切りから始めると、「○○さんといると元気が出る」といわれる存在になることができます。

自分が、誰かに影響を与えられる人になれることは素敵です。

いつもは、憧れの人に元気をもらいたいから、会いに行っていた存在だったとしても、今度は「会いたい」と言ってもらえるようになれることもあります。

このようになると、人生は楽しくなります。

〔図表６　イメージ別メイク法〕

活発的・ヘルシー　　可愛らしい・キュート

クール・シャープ　　女性らしい・セクシー

第4章

メイク・セラピーで人生を変えるための7つのステップ

〔図表７　レッスンしているところ〕

ステップ１／なりたい自分のイメージを持つ

未来の自分

これからは、メイク・セラピーとはどのような効果があるのか、どのように自分を変えていくのか、具体的にお伝えしていきたいと思います。

人は、イメージができないことは実現しないといわれています。ですので、なりたい自分をイメージします。

とはいえ、今まで、「なりたい自分」なんて考えたこともないし、そういう意識を持ったことがないから急にいわれても…となる人もいると思います。

まず、「この人いいな、素敵だな」と思える人を探してみてください。身近な憧れの人でもいいですし、芸能人でもいいです。テレビや雑誌を見てイメージを持つこと、これが、ステップ１となります。

イメージを持つコツ

イメージと言われても、

「あまり遠い存在だと遠過ぎてイメージが湧かない、自分には無理だと思ってしまう」

という人もいれば、逆に、

「近い人過ぎると、身近すぎて余計にイメージできない」

という人もいると思います。

例えば、顔立ちや年齢は全く似ても似つかない私が、

「石原さとみさんみたいに、可愛くなりたいから、なりたいイメージにしたい」

となっても構わないんです。

「え、そんなの無理じゃない？」一瞬、
と思ったとしても、その通りになる必要はないので、かけ離れていてもいいんです。

理想は高く持っていないと、手短かな「できそうだから」というところで手を打ってしまうと、それ以上によくならないからです。やはり、限界値を設けてしまうと、それ以上には伸びないということがわかっています。

かけ離れていた場合、雰囲気やその人の世界観を真似してみることがいいですね。

自分の可能性を信じて前向きにいきましょう。心で感じたまま選んでみてください。

イメージの先にある、今以上の未来

イメージしたい人が見つかったら、画像などを待ち受けにしてみたり、常に目に付く環境をつくることなどは理想的です。

よく、新年に新しい目標を掲げてみても、「その目標を常に見て意識しないと、その目標は達成されませんよ」と、聞いたことはないですか。

それと同じことで、せっかくなりたい自分が見つかったとしても、そのままにしていては、何も現実は変わっていかないのです。

小さくてもいいので、１つひとつ、できることから実践していきましょう。そうすることで、必ず、未来が変わります。

５年後、10年後、年齢を重ねたとしても、綺麗で素敵な女性といわれるためにも、今、一歩、踏み出してみると思いもよらない人生が待っています。

とはいえ、すべては、なりたい自分をイメージすることから始まります。

ステップ２／自分の顔タイプを知る

自分の現在地を知る

ここでは、自分の顔タイプがどこに属するのかを、まず知っていただきます。

自分の現在位置を知ることです。ノーメイクの状態で見ていきます。

その前に、タイプが一体いくつあるの？　どんな種類があるの？　と、思われたと思いますので、ご紹介します。

タイプは4タイプあります。（図表7参照）

・可愛い、キュート
・健康的、ヘルシー
・女性らしい、セクシー
・クール、シャープ

そして、自分がどの位置になるのかを見ていきます。

それぞれ、判別するときのポイントがありますので、参考にしていただきたいと思います。

○ 可愛い、キュート
目、鼻、口、輪郭などのパーツは曲線が多く、顔型は卵型顔か丸型顔

○ 健康的
目、鼻、口、輪郭などのパーツは直線が多く、顔型は三角型顔、四角型顔

○ 女性らしい、セクシー
目、鼻、口、輪郭などのパーツは曲線が多く、顔型は面長顔

○ クール、シャープ
目、鼻、口、輪郭などのパーツは直線が多く、顔型は三角型顔、四角型顔

こちらが、ノーメイクの状態で判断する4タイプの特徴です。
自分の顔タイプが、どの位置になるのかを参考にしてみてください。

変身するには

現在の位置がわかれば、そこから行きたい目的地を決めるだけです。目的地は、決めていただいた「なりたい自分」になります。

イメージを持ってもらえていると思うので、そのイメージに近づけて行くことをしていきます。現在地がわかると、普通に自分の顔立ちのままメイクをすると、その印象になります。それがわかれば、そこから、なりたいイメージに近づける手段としてメイク・セラピーの登場です。

メイクは、コツをつかんでしまえば、誰でも変身できます。

撮影してもらうときなどは、この変身をプロのメイクさんが叶えてくれるわけですが、普段はそんなわけにはいかないですよね。

しかし、いつでも自分で変身する術を持ってると、外出も楽しくなりますね。

どのようにメイクで変身していくのかというと、例えば、可愛らしい顔立ちの40代の人がいます。いつものように、普通にメイクをすれば、

「キュート」な印象になります。

でも、年齢も重ねてきたので、本人の希望としては、「女性らしい印象になりたい」と希望されました。そのとき、変身するのは、

キュート　↓　女性らしい、エレガント

へ、メイクで変えていきます。少し、メイクテクニックは要りますが、アイシャドウの色、口紅の

色などを変えるだけでも、印象や雰囲気は変わります。

色で印象が変わるということを、知らない人が意外と多いように思います。

コンプレックス解消

自分の顔立ちは生まれつきですが、印象を自由自在に変えることができるとなると、コンプレックスも解消してしまいます。

私は、顔のパーツに大きなコンプレックスを持って大人になりました。どこの、パーツかというと、細く涼やかな、切れ長な目です。(いいように言いましたが…)

かろうじて奥二重と言っていますが、子供のころは、一重? と言われてもいいくらいに、綺麗な切れ長な目をしていました。

もちろん、今も大きく変化があるわけではありませんが、少なくとも、コンプレックスだと重く捉えていた目の形ですが、メイクで解消ができることを知ってから、かなり気持ちが軽くなりました。

というのも、学生のころはメイクができなかったため、生まれつきの目のままでいないといけないわけです。

しかし、メイクで目を大きくするテクニックで、一気に心が軽くなったとともに、積極的にもなれました。

〔図表8　可愛らしいメイク→女性らしい　変化イラスト〕

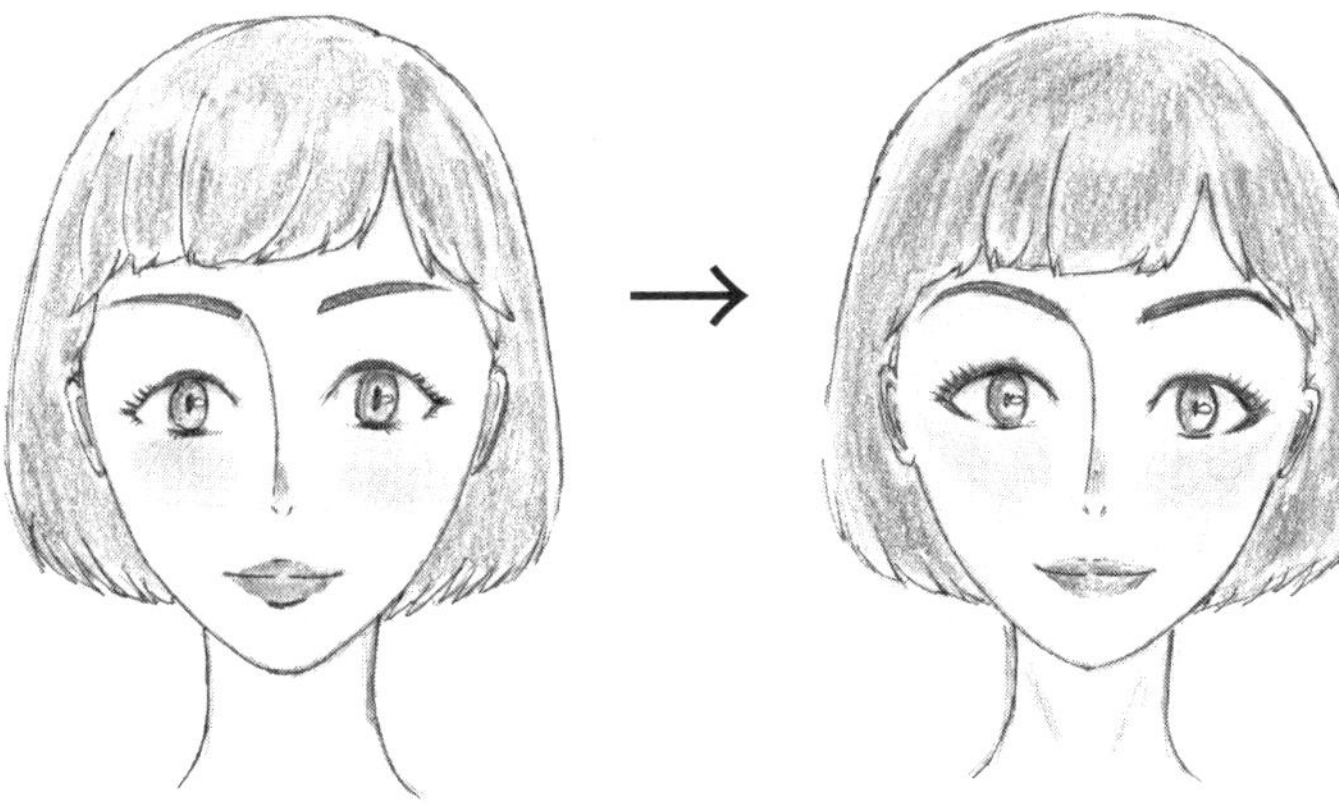

（可愛らしい）　　（女性らしい）

自分から行動を起こすことが苦手だったのですが、今ではどこでも行けるようになりました。初めて行く所、初対面の人とは本当に苦手でした。心が変わると、行動が変わります。そのおかげで、沢山の人に出会うことができました。

ステップ3／なりたい自分のメイク術を知る

一体どうすればいいの？

ここでは、さらに具体的にどのパーツをどのように変化させればいいのか？　ということを、お伝えしていきます。

例えば、可愛いメイクから女性らしいエレガントなメイクに変えていくには、眉、口、目、チークそれぞれ形、色、塗り方など変化させます。

◇ **眉**

可愛らしい眉

←

角度はあまりつけずにナチュラルに真横に描き、少し短めに描く。ブラウンの眉でふんわり見せる。

女性らしい眉

←

緩やかな曲線がきれいなアーチ眉。　少し落ち着いた、ダークブラウンがおすすめ。

◇ **目（アイメイク）**

可愛らしい目元

←

黒目を強調したぱっちり目、ブラウンを基調としたアイメイクは、赤ちゃんのように純粋さを出す。

縦と丸みを意識したアイメイク。

アイシャドウのおすすめカラーは、ピンクやベージュなどのペールトーンのカラーを選ぶといいです。

女性らしい目元

横幅、縦幅どちらも大きく見せます。

色は、赤みのブラウン、パープル、落ち着いたピンクなどもいいです。アイシャドウの付け方にポイントがあり、外から内に色を乗せていきます。遠心的にみせることで、落ち着いた印象を与えることができます。

アイライン、マスカラなどは黒で締めると、女性らしさだけでなく、凛とした芯の強さも感じさせることができます。

◇チーク

可愛らしいチーク　←　女性らしいチーク

黒目の真下辺りに、とにかく丸く丸くつける。おすすめカラーは、ピンクが一番です。

横顔も綺麗に美しく見せたいので、黒目の真下につけるところまでは同じですが、そのままこめかみの辺りまで広げます。

おすすめカラーは、ローズ系が上品な印象になります。

落ち着いたピンクも素敵です。その場合は、子供っぽくならないように、色を乗せる場所に注意しましょう。

◇ 口元

可愛らしい口元

ぷっくりした口元、グロスなどでぷるぷるさせることが最重要。輪郭ははっきりしないように、ルーズな感じに仕上げる。

おすすめカラーは、可愛らしいピンクです。

↓

女性らしい口元

輪郭をリップライナーなどで取っておいてから、口紅を乗ると、口元が引きしまって見えるので、大人の女性には大切な要素です。

おすすめカラーは、同じピンクでも、落ち着いたピンクで、特にローズは素敵です。

ここまでは、可愛らしいメイク　↓　女性らしいメイクへ変身させるときのテクニックになります。

あくまで、1パターンなので、逆のパターンもできますし、女性らしいメイク　↓　クール，シャープなメイクに変身することもできます。

可愛らしいメイク　↓　女性らしいメイクへ変わりたいという要望は、とても多いので、「私も、知りたかったの！」
というお声が多いのではないかと思い、例として挙げさせていただきました。

ステップ４／統一感のあるバランスメイクを習得する

得体の知れない違和感

自分の顔タイプを知られたと思います。

しかし、なりたい印象の自分になるために、一番大切なことは、統一感のあるメイクなのです。

眉の形でも、４タイプそれぞれ最適な形があります。印象をつくり出す形、色などがあるということです。

アイメイク、チーク、口元、それぞれ最適な形、色、質感など、様々な要因が絡み合っています。

ですから、眉は可愛らしいふわっとした「眉」なのに、アイメイクはクール、シャープな目元だとどことなく違和感がでてきます。

この違和感は、隠していたとしてもなかなか拭いされないものです。

そして、さらに口元も違う印象になっていたとすると、顔の印象がバラバラで、収集がつかなくなってしまいます。

収集がつかないまま、人に会っていくと、

「あなたは、どのような人を目指しているんですか?」

と聞かれてしまいます。聞いてくれるなら、まだいい人ですが、心の中でこっそり思っているようなことがあると、何だか悲しいですね。

例えメイクのことを知らない人でも、表現できない違和感が残るのです。

この違和感をなくし、綺麗を倍増させ、加速させてくれるのが、統一感のあるバランスメイクです。

違和感だらけの毎日

違和感が残るようなメイクはしていませんか。

この違和感は、解消されないでいると、毎日、不安な日々を過ごすことになってしまいます。

自分のなりたい芸能人も見つけた、なりたい自分のイメージを持てるようになったけれど、メイク法がどうしてもしっくりこない。

旅行でいうと、目的地は決まっている状態なのに、行き方がわからないまま、どこかの空港でウロウロしているようなものです。

このもどかしい思いを解消するには、統一感を意識したメイクをすることなのです。

自分が日々、不安な状態でいると、出会う人にも影響を与えてしまい、相手の自分に対する印象も不安げになり、フラフラさせてしまいます。進む道が決まらないことと同じです。

それは、自分自身が決まらないことが、相手にも伝わってしまったということです。

そうすると、相手の態度も変わってしまいます。

せっかく理想通りに、周りの自分への扱いが変わって来て、自信も持てるようになって来たのに、もったいないので、違和感は残したくないですよね。

統一感のあるメイクを習得するコツ

習得のコツというのは、やはり、イメージすることです。たくさんイメージして、４タイプを意識しながら、なりたい自分と比較していきます。

このイメージに近づきたいから、この形の眉にする。アイメイクはこのイメージになりたいから、この色と形にする。というように、１つひとつ決めて行くことがおすすめです。

パーツの色や形が決まっていけば、全体のイメージを意識しながら、調整していきます。

どこか1つのパーツが強くなったりしていないかというところを見て、バランスを整えていきます。

たかがメイクかもしれませんが、されどメイクなのです。

第一印象が、その後の7年を決めてしまうともいわれています。

初めて出会ったときの印象は、７年間、余程のことがない限り、覆すことは難しいということを常に念頭において、メイクをしたり、仕草、行動、１つ取ってもすべてに影響してしまうことを、意識していて欲しいと思います。

ステップ5／メイクを際立たせる肌になる

メイクを際立たせる鍵とは

メイクを際立たせるのは、土台となる肌状態が鍵をにぎっています。これには、大きな理由がありまして、それは、せっかく綺麗になりたいイメージ通りにメイクが仕上がったとしても、肌の状態が良くなければ、メイクが崩れてしまい、綺麗な状態をキープできないのです。

一般的にも、メイク崩れの原因は、肌の乾燥が一番の原因といわれています。肌悩みが起こる原因も、乾燥から起こってしまいます。

メイクの土台ともいうべき肌をしっかりお手入れしてあげることが大事なのです。

もしも、肌状態がよくないワニ皮のような肌だったとしたら、潤い感は全く感じられないですね。

カサカサの土台に、どれだけいいものを重ねて乗せていっても、5分と持たず、地滑りを起こしてしまうかもしれません。

これは、極端ないい方をしましたが、乾燥している肌には魅力も感じられないです。

うるおい感によるツヤは、若々しい印象を与えてくれます。もう、この時点で、差がついてしまっています。

ツヤ感のある肌は、メイクの持ちがいいだけでなく、若々しさも加わって全体のイメージもアップし、いいことしかないです。

そして、肌が綺麗だと、「肌が綺麗ですが、どのようにお手入れしているんですか？」と、思わず聞きたくなります。

そんな、聞かれる側になることは、またまた、自信に繋がります。

肌のメンテナンス

メイクが崩れて、気にかける人はまだいいのですが、普通の人は、朝、一度、メイクしたら夕方までそのままの人も中にはいます。というより、意外と多いのです。

本書を読んでいただいている中にも、ドキッとした人もいるのではないでしょうか？

顔の表情はよく動きます。噛むこともそうですが、目の瞬きは1日に約2万回するといわれています。

これだけの動きをする瞬きの上にアイメイクをするので、目元の乾燥などがあると、アイメイクは崩れやすくなってしまいます。

潤っていることで、肌とアイシャドウの粉体が馴染むのです。土台である肌は、見えている部分だけでなく、目元や口元などのよく動く部分のケアも大切ですね。

ということは、1日、朝にメイクしたままでもいいわけではないですよね。やはり、途中のメンテナンスが必要です。

適度に鏡を見る習慣を持ち、メイク直しをする習慣も付けておくと、女性らしさがアップします。

口紅も、朝だけの人もいますが、時間が経つにつれてうるおい感はなくなり、パサついた唇になってしまいます

パサパサの唇には、女性らしさのかけらも感じられないですよね。

女性としての輝きは、遠のく一方です。

メイクを覚えて、なりたい自分になれたとしても、朝だけというよりは、1日中綺麗な状態にしておいて、なりたい自分でいることができると、変身することもどんどん加速します。

簡単美肌の3ステップ

では、うるおい感のある美肌をつくるにはどのようにすればいいのかわからないと、言われる人も多いと思います。

毎日のスキンケアの方法を簡単3ステップでお伝えしていきます。

その前に、スキンケア＝お手入れということですが、結論をいうと、いかに丁寧にするかどうか？ということになります。

たまに、「ここの化粧品を使ったら、すごく綺麗になるよ！　使ってみて！」ということを言わ

れて、そうかな？　と思って、新しい化粧品を使い始める。

しかし、しばらく使ってみて効果が感じられないから、また、違う化粧品を探し求めて旅にでるようなことをしていませんか？

化粧品ジプシーのようなことはしなくていいのです。

化粧品が悪いのではなく、使い方に問題がある場合がほとんどです。

化粧品販売をしていたころから、お客様とカウンセリングをしていて、購入していただいた化粧品の使い方を確認していました。しかし、購入時に説明しているにも関わらず、使い方は一か月もしないうちに、自己流になってしまっています。

何でもそうだと思いますが、この自己流というものが、綺麗の邪魔をしてしまう要因になることを、ご存知ですか？

この自己流というものは、基本ができてから自己流を入れていくことは、まだいいと思います。

ところが、基本ができ上がる前の早い段階で「自己流」が登場してしまいます。

自己流からはしばらく離れていただいて、この３ステップを実践してもらいたいと思います。

今、お使いの化粧品を変える必要はありません。

簡単美肌の３ステップ

◇　ステップ１　落とすことを丁寧にする

◇ステップ2　化粧水などの水分をたっぷり丁寧に入れ込む
◇ステップ3　油分のあるクリームなどで丁寧に保護する
簡単に解説していきます。

◇ステップ1　落とすことを丁寧にする

メイクや汗、皮脂などの肌に付いた汚れを丁寧に落とすことです。丁寧にというのは、時間がないからといって、ゴシゴシ洗わないということです。ゴシゴシするというのは、肌に刺激を与えてしまいます。

ゴシゴシする摩擦が肌に刺激を与えることで、シミの原因、くすみ、キメを傷つけてしまい、水分を保持する力が弱まってしまいます。

結果、乾燥肌になってしまいます。

①メイクの汚れ、油分の汚れを落とすクレンジングをします。
②水性の汚れを落とすための洗顔をします。

このステップで、こすらず、丁寧に！　がポイントです。これは、沢山の美容家たちがこぞっていう言葉です。まずは、清潔な肌に整えましょう。

実践するかしないかで、3年後の肌が全く変わります。

◇ステップ２　化粧水などの水分をたっぷり丁寧に入れ込む

ステップ１で、清潔な肌に整えたので、化粧水などの水分を入れ込む準備はできました。

準備ができているのに、水分が少しだけになってしまうと、肌は当然うるおわないですよね。十分に水分を与えてあげてください。

そうすれば、健やかな美肌を手に入れることができます。ここでのポイントは、たっぷり入れてあげること、そして、丁寧に…です。

どれだけ入れてあげるのがいいのかわからない場合は、メーカーの適量といわれる量は必ず使用してください。

◇ステップ３　油分のあるクリームなどで丁寧に保護する

水分をしっかり肌に入れてあげることができたら、入れ込んだ水分を逃さないように油分を含んだもので保護をしてあげることが大切です。

商品としては、乳液やクリームなどがあります。ご自分の使っているものを確認してみてください。

この、保護をしない人もよく聞きます。理由は、「面倒だから」という理由がほとんどですが…。

しかし、保護をして膜を一枚つくってあげないと、水分はいくらでも逃げてしまいます。この原理を知らないで、いくら丁寧にお手入れをしていたとしても、蒸発してしまってはそれまでのお手入れが水の泡です。

これらの簡単3ステップを、是非、実践していただいて美肌を手に入れてください。

土台の肌が整うと、メイクも頑張ろうという意欲が湧いて来ます。

自分の気持ちを上げるためにも、肌磨きは大事ですね。

ステップ6／イメージを意識しながらメイクを習慣化する

見本を置いてメイクする

ステップ1では、なりたいイメージを持っていただけたと思います。

そのイメージを最終ゴールとして、メイクをするときは常に意識をしながらメイクをします。

横に見本を置いてメイクをする感覚で、見本の代わりにイメージに変えるということです。

なりたいイメージが芸能人だとしたら、いろいろな画像を集めてみましょう。

一人の人でも、シーンによって印象が全く変わっていますよね。たくさんの顔を持ち合わせているので、とても参考になり、見習いたいです。

女優は、メイク、髪型、ファッションなどで、いろんな役をこなしています。

あるときは、綺麗なお姉さん役、あるときは疲れた感じの主婦役、あるときは白髪の混じった老婆役など、「本当に同じ人なのか?」と思うほどに、ドラマやシーンによって変わっています。

これは、私達もできます。今は、メイクで変身する方法をお伝えしています。

小さな演出

見本というイメージを意識しながら、メイクをすることを今まではしたことがないと思います。

しかし、始めは慣れなかったとしても、いつもイメージしながらメイクすることを習慣化してもらえると、短時間で変身することができます。

私は、いつも洋服を着ながら、服のイメージに合ったメイク、その日、出かけるところに合わせたメイクをイメージしながら着替えます。

着替えて、ある程度の演出ができてからメイクすると、イメージしやすいです。

パジャマのままでは、イメージすることが難しいかもしれません。

少し細かい所も気にしながら、メイクをするまでに時間を費やしています。

もちろん、忙しい人でも「着替えを先にする」という習慣を付けていただけると、無理なくイメージしやすくなります。

なりたいイメージのメイク法を習慣化

洋服を着てからメイクをするということは習慣化してきたとしても、肝心のメイクが習慣化していないと、意味がないですね。

というのも、何かイベントがあり、その日は頑張ってメイクをしたとします。

しかし、次の日は、力つきてしまい、「もう、今日はいいかな」と、ゆっくりとしたいつもの朝を過ごそうとします。

メイクをイメージしながら、メイク法を意識しながら毎日するのかしない日をつくってしまうのか？　ほんの少しの差が、今後の分かれ道になります。

慣れて来たとしても、しない日が何日か続いてしまった場合、またゼロからのスタートになるため、上達しません。時間ばかりがかかってしまいます。

最短最速ではないですよね。

メイク法などは、少し、テクニックの要素が入って来るので、慣れるまでは時間がかかるかもしれませんが、やはり数をこなしていけば、必ず上達します。

どんどん、綺麗になって、人生が豊かになることでしょう。

ステップ7／TPOに合わせたメイクができる

トータルで女性らしさをアップする近道

なりたい自分のイメージした人の、いろんなシーンでの見本の画像を集めます。

カジュアルなファッションで家族とお出かけのとき、大切な人とディナーに行くとき、参観日に行くときなど、様々なシーンを思い浮かべながらがイメージ画像を集めていきましょう。

そのとき、ヘアもファッションも意識して参考にしていくと、一石二鳥ですね。

メイクだけでなく、ヘア、ファッションもイメージできるので、それが自然と習慣化していきます。

気づいたら、メイクだけでなく、トータルで綺麗なママになっていますね。

例えば、ご主人の会社の上司とディナーに行くことになったとき、洋服はきれいめなスーツを着るとしましょう。

しかし、メイクは、可愛らしいメイクをしてしまっては、もったいないですね。

このようなときは、女性らしいメイクをしてお出かけされると素敵です。

ご主人も、上司に「素敵な奥様」と思ってもらえると、「この人と結婚してよかった」と思ってもらえます。

このような、周りに自慢される妻でありたいですよね。また、自分の自信にも繋がります。

メイクを落とす前に練習

メイク、髪型、ファッションをトータルでイメージをするようになると、どんなところでも臆することなく出かけて行けるようになります。

急なパーティーがあり、しっかりメイクをして、カッコ良く決めたトータルイメージをしたとします。

シーンに合わせてメイクすることを習慣化しておけば、慌てないで済みます。

少なくとも、2パターンのメイク法は身につけておいたほうがいいですね！　とお伝えしています。この2パターンだけでも覚えておけば、どんなシーンでも実は使えます。

メイクの方法も、普段から習慣化して、練習をしておけば、いざというときに使える大きな武器になります。練習するときは、メイクを落とす前になりたいイメージのメイクをして練習をしてから、メイクを落とします。

落とす前だと、失敗しても平気ですよね。私も、練習するときは、このようにしていました。

武器は使ってこそ、良さを発揮します。使わなければ、持っていないことと同じなので、どんどんいろいろなメイク、ヘア、ファッションにチャレンジして、人生を楽しんでいただけると嬉しいです。

「世の中の女性が、女性の輝きを取り戻すためのお手伝いをしたい」といつも願っています。

このTPOに合わせたメイクができるようになると、女性としての魅力がワンランクアップします。もしかしたら、もっとアップするかもしれません。それくらい、パワフルなことなのです。

というのも、意図的にイメージの違う顔、表情がつくることができるなんて夢のようです。

しかし、ここでもポイントを忘れないでください。慣れていない人は、普段のメイクから習慣化させることを優先してください。慣れてきたら、次を目指すといったステップで上がってください。

何度かお伝えしていますが、一気に焦ってはダメですね。

第5章

輝く女性たちのビフォー&アフター

1　職場でくすんでいた26歳女性が幸せな結婚をした話

もともとは…


この女性は、法律事務所の事務として勤務されていました。

私との出会いは、メイクレッスンのセミナーに来てくださいました。

そのときのお悩みとして、「職場には、自分よりも目上の方が出入りされるので、落ち着いた大人の女性らしいメイク法を知りたい」というご希望でした。

その日は、半顔は私がメイクをして、もう片方は自分で実践してもらうことをしました。

大人の女性というメイク法をお伝えし、見事、変身されました。

そこから、「自分大好き大作戦　メイク・セラピー3回コース」を受講してくださいました。

3回コースを受講している間、詳しくお話を聞いていくと、実は、婚活をされていたらしく、愛されメイクも習得したいとのことでした。

それを聞いたので、「では、やりましょう」となり、プライベート用に可愛らしいメイクと、お仕事用の女性らしいメイクを習得されました。

元々のお顔立ちが女性らしいので、普通にメイクをすると、女性らしい印象になります。

そこから、可愛らしいメイクは、分類したときは隣同士なので、そんなに難しいテクニックはなくても、可愛らしい印象にすることは可能です。

３回レッスンを終えると、ご自分で2パターンのメイク法を、頑張って何度も練習されたそうです。

３か月後

３か月後のある日、1通の嬉しいメールが届きました。

その内容とは、「結婚を前提にお付き合いしてくださいと、彼から言ってもらいました」と。

あまりにもビックリして、「おめでとうございます、良かったですね！」と、当たり前の返信しかできなかった記憶があります。

この報告メールは、メイクに関わる仕事をしていて、一番うれしかったことでもありますが、何よりも、私が一番伝えたかったことでもあります。

「メイクを変えると、人生が変わる」

ということです。この彼女は、見事に、実践してくれました。

もちろん、婚活をされていたのでご自分でも動かれていて、その努力が実を結んだということになります。

しかし、1つのきっかけとして、メイク・セラピーを受けることによって、女性らしさに磨きがかかり、自信に繋がったのではないかなと考えられます。

ご自分で、「メイクがきっかけになった」と、そのように言ってもらえることが、本当に嬉しいですね。

そして、メイクを学んだ後から、男性からの扱いが変わったとも言われていました。

今までは、「ごちそうしてもらう」というよりは、「自分が支払う」ことが多かったそうですが、男性からごちそうしてもらうことが増えたそうです。

これは、彼女が変わろうと努力を続け、男性を大切に一番に考え、一生懸命頑張っている姿が見えたのでしょう。

1年後

前回は3か月後に、嬉しいご報告でした。

今度は、1年後にまたメールが1通、届きました。

「結婚することになりました」

と、またまた、ビックリです。結婚までの道のりは、必ずしも平坦ではなかったそうです。

しかし、彼女は幸せをつかみ取りました。

そして、結婚式に招待していただきました。まさか自分が招待してもらえるとは思ってもみなかったので、本当に嬉しくて感動しました。

挙式に参列し、無事、彼女の花嫁姿を見ることもできました。

自分が予想もしていなかった未来を手にした彼女。

メイクを変えただけで、自信に繋がり、人生を変えるような出来事も起きて、、結婚も叶えることができました。

メイクを変えると、得られる未来、手にする未来が変わってきます。

是非、一度、トライしていただきたいと思います。

2　婚活を諦めていた46歳女性が輝き始めた話

変化を求める

この女性との出会いもメイク。セラピーに興味を持ってくださって、Facebookからメッセージが届きました。

私が、FMOsakaにラジオ出演した際、ちょうどラジオを聞いてくれていたそうです。

そこで、私はどのような話をしていたのかというと、メイク・セラピーとはどのようなものかということと、受講するとどのような未来が待っているのか?ということを、二週に渡って話をしたことがきっかけでした。

「ラジオの中で、どのような言葉に惹かれましたか?」

と聞くと、

「メイクを学ぶことで、人生が豊かになる」

という言葉に惹かれ、ご連絡くださいました。

彼女は、お仕事をしながら、起業に向けて一生懸命勉強されていました。

受けてみようと思ったきっかけは、「人生を豊かにする」という言葉ではありましたが、もう1つ、婚活はもう諦めたけれど、恋活ならできそうな気がするので、頑張ってみたいということでした。

やはり、今の生活の中で、変化を求めてアンテナを張っていた結果、メイク・セラピーを知り、私と出会うことになったのです。自分で情報を集めたいと願うことは、第一ステップですね。

パッと明るい印象

この彼女も３回コースを受講してくださいました。

１回目は、年齢相応のファッションで、メイクもあまりされていないような感じでした。メイク・セラピーでなりたい自分像を見つけてもらい、イメージに合わせたメイクを半顔し、もう半顔をご自分でしてもらいました。

初めは、どのようにしたらいいのかわからず、戸惑っておられましたが、興味津々で吸収もとても早く頑張ってくださいました。

レッスンの帰りに、メイク道具を買って帰られることもあり、すぐに上達したいという気持ちが、強く伝わってきました。

２回目来られたときは、着ている洋服が明るくなっていて、前回とは雰囲気がとても変わっておられました。印象が明るくなっていました。

お部屋に入って来られた瞬間、パッと明るくなったような感じがしました。もちろん、表情も明るく、にこやかで笑顔が素敵な女性になっておられました。

これは、たった１回のレッスンでの変化です。

「心が、気持ちが変化する」ということを改めて教えてもらいました。

このように、行動が変わって来ると心が変わっている証拠なので、彼女とお話をしていると、「彼氏がいてもいいかな」と思うようになりました、と言われるようになりました。

「結婚はをするための、「婚活」はもういいけど、恋をするための「恋活」は、頑張ってみようかな」と、心が和らいで来て、素直に思えるようになられました。

このように思えると、素敵な出会いも夢ではないですよね。

周りの反応

今までお伝えして来た中に、自分が変わると周りの反応が変わりますと、お伝えしてきました。このことを、体感されました。

前出の結婚された彼女もそうでしたが、メイクに興味を持つようになり、自分を鏡などで見る時間が増えて来て、自分を好きになって自信が持てるようになると、仕草が変わり、周りの反応が変わってきます。

メイクをいつもより、丁寧にするようになってから、いつもは顔も見ないで挨拶だけをしていたような人が、ちゃんと顔を見て挨拶してくれるようになったと、ご報告をいただきました。

また、同じ職場の女性から、メイクに関して聞かれるようになったそうです。

今までと、違う反応に戸惑っておられましたが、とてもいい兆候だと私は、感じていました。

そうこうしているうちに、３回目のレッスン日になりました。

どのような変化を見せてくださるのかなと、期待していました。すると、初めてお会いしたときからは想像できないような、きれいなピンクのシャツを着て来られました。

これには、あまりにも似合い過ぎていて、びっくりしました。よく聞くと、前回のレッスンの帰りに買われたそうです。

レッスンの帰りは、違う自分になれるそうです。

その気持ちのまま、買い物に行くと、いつもなら、店員が近づいて来たら逃げるようにしていたけれど、レッスンの後だと、店員さんが近寄って来ても平気だし、話をして一緒に決めることができたとのことでした。

やはり、自信が持てるようになったということですね。

彼女は、起業することも考えておられたので、恋活と起業のダブルで上手く行くことを願っています。まずは、彼氏が一番にできると、もっともっと人生が楽しく、バラ色になりますよね。

３　契約がなかなか取れないセールスレディーが成約率アップした話

いやいやの営業

彼女との出会いは、私が講師として開催したメイクセミナーに参加してくれた一人でした。

そこで、まず、なりたい自分をお聞きします。

「どんな自分になりたいですか？」

彼女は、「大人の女性になりたいです」と答えました。

そこで、いつものように半顔が私がメイクをしました。そして、半顔はご自分でメイクしていただきました。

メイク法をお伝えしながら、あることに気づきました。

彼女は、保険のセルスーレディーで頑張っています。しかし、いつものメイクを見させていただくと、ご自分のメイクのときは、子供のような可愛らしい印象のメイクをしているのです。

そのメイクは仕事でも、プライベートでも同じのようで、切り替えがないそうです。

落ち着いた印象に見せたいけれど、反対のメイクをすることで、表面の見せ方と内面が一致していないので、仕事が辛いのではないかな？　と感じました。

すると、保険の営業という仕事を、いやいやしているようでした。

そこで、1つ、メイクにおける問題点を見つけたので、直してみました。すると、またまた、報告がありました。

「成約率がアップしました！」

と言うのです。とても、嬉しくて、私がお伝えしていることは、本当に大切なことなんだと思い、使命感に変わってきました。

ある1か所を変えるだけで成約率アップの秘訣とは

保険のセールスレディーの彼女の1か所はどこを変えたかというと、実は「眉」だったのです。

彼女は、眉と眉の間が広く空いていて、印象としては、優しい、可愛い印象に見られがちでした。

しかし、眉間が必要以上に空いてしまうと、間延びをし、間抜けな印象にもなってしまいますので、仕事の時はおすすめしないメイク法でした。

その、問題点、眉間を少し（指二本分が適当）狭くしてあげました。眉間を狭くすることで、しっかりとした凛とした印象になります。

そうすると、「この人にお願いしようかな」「任せられる」と思ってもらえるような見た目から、信頼感が増すのです。

たった1回のメイクレッスン

たった1回のメイクレッスンで、ビジネスの成果にも影響してしまうのです。

通常は、成約率が悪くなると、

「セールストークが良くないのかな？」

「信頼関係ができていないからかな」

という方向に考えがちですが、実はメイクに根源があるということもあります。

この、根源を一度、バシッと抑えてしまえば、自信がトークに反映されて、成約率アップや売上アップに繋がります。

女性には多いと思いますので、一度、メイクを見直して見るといいですね。

4　バツイチ女性が諦めていた「恋活」からキラキラした話

当初の目的

彼女との出会いは、中学校の同級生でした。

その頃は、あまり一緒にいた記憶はお互いになかったのですが、大人になって再会してからの付き合いになります。

「自分大好き大作戦　メイク・セラピー　3回コース」を受けてくれました。

「今度、仕事でスピーチをすることになったので、メイクをしっかり学びたい」ということが受講のきっかけでした。

3回コースを終えて、ご自分の大切なスピーチも自信を持って挑めたようで、彼女は賞をもらって、とても優秀なスピーチができたそうです。

ビジネスに使われることは、わかっていたので、「いい報告を聞くことができて、よかったな」と心から思いました。事前の準備を怠ることなく、一生懸命、自分を磨くことに時間を費やした結果、大きなを自信を持って、大切な舞台に立つことができたということですね。

思わぬ効果

ビジネスでの、ミッションは１つクリアした彼女ですが、この後、興味深い報告を、後日知らされることになりました。

というのは、レッスンして４か月後に、なんと、「彼氏ができた」との報告がありました。

彼氏が欲しいとは、ここ最近は思ったことがなかったそうです。

「もう、彼氏はいらない」とさえ思っていたらしいです。

そんな彼女でしたが、彼氏ができた事実は変わらないのです。彼氏ができるまでの細かい経緯は定かではありませんが、女性としての魅力と自信が彼氏という幸せを引き寄せたのかもしれません。

ただ、みなさん共通して言えることは、行動しているから、いい結果を得られたということになります。

5　自分に自信がなく、〇〇ちゃんのママと呼ばれたくない48歳女性が起業した話

自分を好きになること

彼女との共通の知り合いのパーティーで出会いました。

いつも明るく元気な彼女は、ニコニコの笑顔の印象が強く残っています。

しかし、メイク・セラピーを受講され、お話を聞いていくと、

「自信のない自分がいや、メイクを学んで、自分が好きになると、自信が持てる気がしたので、受けようと思いました」

と、話してくださいました。

では、自信を持つために…を、一番の目的として「なりたい自分のメイク法」を習得されました。

また、もう1つ、深い悩みを持たれていました。

それは、「○○ちゃんのママと、言われたまま、残りの人生を送りたくない」

という想いでした。

これは、自分という人格がこのままだと、なくなってしまうように思われて、この先の人生に不安を覚えたのだと思います。

かなり深い所にあり、長年、持っていた想いだったようです。

お子さんも大きくなって来て、「残りの人生は、自分のために生きたい！」と、起業も考えておられました。

しかし、もう一歩が踏み出せなかったのです。

変わりたいけれど、何を変えればいいのかわからない。そこで立ち止まって考えてみると、長年してきたメイクを変えることで、人生も変えられるはずと思われ、勇気を出して来てくださいました。

「変わりたい」と思ったときが吉日

彼女も、回を重ねるごとに、楽しそうに、笑顔が更に増え、生き生きと輝き始めました。

「先生、前回、教わったメイクをして来たんですが、どうですか？」

と毎回、聞いてくださいます。この、前向きな気持ちがとても嬉しくて、私ももっと応援したいと思うようになりました。頑張っている姿が見える人は、やはり、手伝いたくなりますし、

「何かその人のためにできないかな」といつも考えてしまいます。

彼女が来られたときは、とても大き変身願望がありました。

とはいえ、どうのように変わりたいのか、どのようにしたらいいのかわからないというが本音でした。

メイクも変えたいとは思ったものの、
・何をどう変えればいいのかわからない
・どこまでしていいのか？　やり過ぎにならないのか？
ということから、メイクを学びたいということに辿り着いたようです。そして、メイクを変えて「キラキラしたい」とも言われていました。

そして、回を重ねて、見事に変身されました。

年齢は、もちろん関係ないわけですが、とてもパワフルで、見習う所がたくさんありました。

女性はいくつになってもキラキラ輝くことができます。そして、誰でも可能です。

自信から起業

彼女は、元々、自信を持ちたいということが一番の目的だったので、ここは難なくクリアされたと思います。

3回が終わってから、どんどん加速し始めました。

独立起業に向かって、準備を、着々と整えて行き、自信という大きな武器を手に入れ、邁進されています。

このように、メイク・セラピーがきっかけとなり、人生の転機に関わることができることは、貴重な経験となりました。

6 メイクなんて花嫁以来だった50代女性が輝きだした話

久しぶりの違う自分に出会った

この女性との出会いは、私が単発のメイクレッスンに参加してくださったときでした。

正直なところをいうと、この女性は、友人に誘われて、来られた感じでした。

メイクとは無縁な生活をされているようだったので、私も、始めはどのようにさせていただくと、喜んでいただけるのか心配でした。

何と言っても、花嫁の以来、メイクをしたことがないと言われていましたので…。

この女性の場合、久々のメイクで、何をどうやったらいいのか、全くわからない状態だったのです。そこで今回は、どこまで変身できるかどうか知っていただくために、全顔メイクさせていただきました。

久々なので、あまりがっつりメイクをしてしまうと、「私には無理だ」と、思われてはもったいないので、自分でもできそうだけど、少し華やかな感じに仕上げてみました。

仕上がって、ご自分で鏡を見られると、「わぁ、綺麗、いいね！」と言われて、目をキラキラさせて感動してくださいました。

メイクをしたことのない人には、「自分でもできそうかも」と、思っていただく必要があります。そうでないと、始めから、「難しい」と感じてしまうと、その先、「学びたい」と思わなくなってしまいますよね。

鏡を見た瞬間に、喜んでくださった表情が決して忘れられない経験となりました。

たくさんの人達をメイクさせていただいていて、いつも、思うことがあります。

それは、私がメイクを、短時間で、綺麗にさせていただくのは簡単です。

しかし、いつも私がいるわけではないので、ご自分でできるようになっていただきたいのです。イメージすることや習慣化することが大切にはなりますが、数さえこなせば、できるようになります。

そして、メイクだけだなく、女性としての輝きを、取り戻していただきたいです。

私は、始め、今のようなファッションやメイクには慣れなくて、居心地が悪い時期もありました。

でも、そこで居心地が悪いからといって、もとの主婦に戻っていたら、今のような未来はなかったでしょう。

このように、諦めないで、やり続ければ、きっと形になってきます。

形になる前に、諦めてしまうから、失敗したという概念がついてしまいます。

考え方や、方法も、苦労なく当たり前のようになったときに初めて、実を結びます。

これを読んでくださっている皆様にはいくつになっても、女性は輝き続けることができます。

ただ、女性ということを忘れてしまっては、輝くことができないので、

「女性であり続けてください！」

そう声を大にして言いたいです。

ビジネスの場面だと、男性と同じように振る舞わなければ競争に勝てないと思います。

男性に社会に取り残されてしまう覚悟が必要です。

しかし、人生を輝やくものにしたいと、バリバリ働き、競争に生き残るだけでは味気ないです。

気がつけば、メイクもせず脇目も振らず、頑張った結果が「おばさん」なんて悲しすぎます。

女性に生まれた特性を活かすことを人生の中で一度でもチャレンジすることが大切です。

どんな女性でも、女性であり続けることで、いつでも輝くことができます。

そのための、メイクです。

ママ
ファイオ！
ママ
がんばれ

お伝えしているメイクは、ほんの入り口になります。

何の入り口かと言いますと、なりたい自分を叶えるための手段。その1つとなり、きっかけです。

そこをちゃんと、理解していただいた上で、メイクと向き合ってもらえると嬉しいです。

というのも、

「メイクを変えたら人生が変わると言ったのに、変わらないじゃない」

と、いう人もたまにいるからです。

自分の人生は、他の誰でもないあなた自身が創り出すものなのです。それなのに人任せにして、うまくいかなかったら、誰かのせいにするなんて本末転倒です。

一体、誰のために生きているの？　と聞きたくなると思います。

では、このきっかけとなるメイクをどのように活用するのか？　お伝えしたいと思います。

メイクは、心を写し出しているといえます。

その反対も言えることで、イメージに合ったメイク、なりたい自分になるメイクを意識的にすることで、仮面をつけ変身する感覚です。

この感覚を持っていただけるようになると、心のコントロールもできるようになります。

例えば、気合を入れて決めたい仕事があるとき、大好きな彼と一緒にデートに行くとき、同窓会があり、気合を入れて誰よりも綺麗で幸せオーラを振りまきたいときなど、それぞれの場面に合ったメイクをすると、その気分になりきれます。

女優のように、なりきった状態で人に会ったり、大きなプロジェクトにたずさわるとうまく行くようになります。

まるで、切り替えスイッチのような役割をするものがメイクになります。

ですから、変わりたいと願い、方法も学び手に入れたとしても、活用方法がわからなければ、宝の持ち腐れになってしまいます。

私自身、メイクがこのような活用方法があるということに気付くまで、時間がかかりました。

それまでは、

・なんとなく好きだから
・なんとなく流行りはこんなメイクだから
・なんとなくこんな感じでメイクしておけば変ではないから

という曖昧でいい加減にしていました。

いい加減は、どこまで行ってもいい加減です。

それがいつしか、きっちり正しくなることはありません。

このことに気づいたあなたは、一日でも早く一箇所でもいいので、丁寧にすることを心がけてください。

その瞬間から、望む未来が動き出します。

そして、、輝かしい未来を手にしてください。

おわりに

未来のパートナー（子供達へ）

今回の出版は、私の中で、大きなチャレンジになりました。と、同時に、娘にとっても大きなチャレンジとなりました。というもの、今回の挿絵は娘が描くことになったからです。

始めは、「最後までちゃんと原稿がかけるかな」と、自分だけの心配をしていました。

しかし、娘に挿絵をお願いすることになり、

「これは、私だけの夢ではなくなった、ヤバい！」とさえ思いました。

ちゃんと使える絵が仕上がるのかや、受験生だけど大丈夫かななど、勝手に心配していました。

そんな心配もよそに、娘はいつものように過ごしているので、

「本当に描いてくれるの？」

と、またまた不安になりました。

「お母さん、本当に本出すの？」

と、また、カチンとくる一言を言われながら、過ごしていました。

しかし、私の本気が伝わったころに、

「一緒に、絵の打ち合わせしよう！」

と、二人で話すようになりました。

そして、締め切り目前になると、一緒に、深夜のファミレスに行って、私は原稿を書き、娘は絵を黙々と描くということを、何日かしました。ちょうど、冬休みに入っていたので、深夜になっても怒る人がいないので、二人とも、黙々としなくてはいけないことをしていました。

家ですると、家族がくつろげなかったり、集中できなくなるので、あえて、寒い中、ファミレスに行きました。

夜中、作業をしていると、芸人の人達も、売れないころはファミレスで、朝までネタ合わせしていた！　というのを、思わず思い出してしまいました。

「私達、親子で芸人みたいやな～」って、一人で心の中で笑っていました。

今回のチャレンジは、娘の将来に大きな影響を与えることとなりました。

娘は、中学3年生で受験生になります。

しかも、志望校はデザイン科を志望しています。ですから、本書の挿絵に使われ、出版されるということは、彼女の大きな実績の1つになるということなのです。

この、事の重大さを知ったとき、すごいことを親子でしようとしているなと、思いました。

また、ドキドキ、ワクワク感も感じることができました。

実際、

「挿絵をどんな感じにする？」

「こんな風に描いて欲しいんだけど…」

というようなやり取りが、とても嬉しく思いました。一人でつくっていない、二人でつくり上げているんだ！　という充実感が、心地よい疲れとともに、感じられる幸せ。なかなか、味わうことのできない感情を感じることができました。

将来の夢は、まだハッキリ見えていないようですが、今回の経験が、大きな影響を与えることは間違いないと、確信しています。

このような機会を与えていただけたこと、本当に感謝しています。

最後は、娘と二人、寝不足で大変でしたが、文句も言わず、私の要望に応えてくれました。

何でも、チャレンジができる環境がありがたいなと思います。

私は、病気をしてから、

「一度きりの人生、後悔せず、やりたいと思ったことは、やっていこう！」

と、考え方を変えたので、今があります。それまでは、「石橋叩いて、渡らない」タイプだったのですが、後悔して死にたくないなと思うようになったので、「渡れる橋があるなら、渡ってみよう！」と思っています。

このような、発言や考えを持っていると、子供にも影響します。

特に、娘は、この考え方が、少しずつ理解できるようになってきました。そして、一番の応援者になってくれています。

私が留守のときも、娘が、ご飯をつくってくれたり、私の代わりに、息子のお弁当までつくってくれたことも、何度となくあります。

本当に申し訳ないと思うのですが、ついつい、頼ってしまう自分がいます。

それほどに、頼りがいのある娘です。

主人も息子も、私の応援をしてくれます。女性が働くためには、家族の支えなくして、成り立ちません。

またいつかみんなで、ゆっくりしたいな～と、思っています。

起業することを選んだときも、何の反対もせず、「頑張って！ 応援してるよ！」と、子供達は言ってくれました。

普通は、「そんなの大丈夫？ 絶対、無理だよ！」と言われて、意気消沈して終わってしまうところだと思います。しかし、私達の家族は違った。

この家族を守るために、私は、頑張ります。

まるで、一家の大黒柱が言うような台詞ですが、実際の大黒柱は主人です。

ただ、心の中では，「私が守る！」と思っています。

今回の出版をするにあたって、より強く思うようになりました。

何か、人生に物足りなさを感じたり、変わりたいという願望がある人は、まず、周りに言ってみてください。

そして、応援してもらえる環境をつくりましょう。一人では、成し遂げられないことがよくあります。たくさんの応援者をつくって、固めてください。

その、応援者の一人に、私を加えていただけると嬉しいです。

変化を望んでいる人にメイクは、必ず、何かのきっかけとなることでしょう。

キラキラ輝く女性がもっともっと増えますように…。

本書を最後まで、読んでいただきありがとうございます。

大村　加須美

追伸　娘は第一志望校に無事合格することができました。ありがとうございます。

ここまでお付き合いくださったあなたには、さらに進化を目指していただきたいので、最後にプレゼントをご用意しました。

それは、おじさん化したママが女性を取り戻すステップをお伝えしている動画があります。

この動画は、私の経験、過去も含め、ビジネスの先生でもある船ケ山先生との対談動画です。

動画の最後に、素敵なさらなるサプライズもありますので、見たいという方は今すぐＱＲコードを読み取って、いつものお使いのメールアドレスをご入力後、プレゼント動画を受け取ってください。

著者略歴

大村　加須美（おおむら　かすみ）

メイク・セラピスト＆エステティシャン。

介護職を１０年勤め、専業主婦を３年、その後一念発起し、美容の世界へ。４ブランドを扱う化粧品専門店で販売を行いながら、メイクの楽しさに魅了される。メイク甲子園、全国大会に出場。

外見の変化と心の変化の関係性を知るため、メイク・セラピーを学ぶ。

自宅サロンや出張エステでは、施術者としてお客様の美容と健康のサポートを行う。

メイク・セラピーを使用し外面から、リンパドレナージュを使用し内面からと、両面からきれいを創造する。

現在は、関西だけでなく、関東でもビジネスを展開中。

関東では、プロフィール撮影やテレビ収録のヘアメイクも担当している。


メイクを変えて輝く人生に変える!

―心から健康に、そして綺麗になれる 愛されメイクレッスン

2018年３月20日 初版発行　　2018年４月23日 第２刷発行

著　者　大村　加須美 ©Kasumi Omura
発行人　森　　忠順
発行所　株式会社 セルバ出版
〒 113-0034
東京都文京区湯島１丁目12番６号 高関ビル５Ｂ
☎ 03（5812）1178　　FAX 03（5812）1188
http://www.seluba.co.jp/
発　売　株式会社 創英社／三省堂書店
〒 101-0051
東京都千代田区神田神保町１丁目１番地
☎ 03（3291）2295　　FAX 03（3292）7687

印刷・製本　モリモト印刷株式会社

Printed in JAPAN
ISBN978-4-86367-406-6